REFORMA DO ESTADO E DIREITOS FUNDAMENTAIS

Impresso no Brasil | Printed in Brazil

EDITORA DEL REY LTDA.
www.livrariadelrey.com.br

Editor: Arnaldo Oliveira

Editor Adjunto: Ricardo A. Malheiros Fiuza (*in memoriam*)

Coordenação Editorial: Letícia Neves

Diagramação: Know-how Editorial

Revisão: Lígia Alves

Editora:
Rua dos Goitacazes, 71 – Lojas 20 aw 24
Centro – Belo Horizonte – MG
CEP 30190-050

Comercial:
Tel: (31) 3284-3284 / 3293-8233
vendas@editoradelrey.com.br

Editorial:
editora@editoradelrey.com.br

S676r Reforma do Estado e Direitos Fundamentais / Organizadores: Mário Lúcio Quintão Soares, Daury César Fabriz, Ricardo Antonio Lucas Camargo e Kon Tsih Wang.- 1. ed. - Belo Horizonte, MG : Editora Del Rey, 2020. 176 p.; 14x21 cm.

Inclui bibliografia.
ISBN 978-65-5791-028-3

1. Direito. 2. Direito Constitucional. 3. Direitos Fundamentais. 4. Reforma do Estado. I. Título. II. Assunto. III. Organizadores.

CDD 341.27 CDU 342.7

Pedro Anizio Gomes
Bibliotecário – CRB-8 8846

REFORMA DO ESTADO E DIREITOS FUNDAMENTAIS

Mário Lúcio Quintão Soares
Daury César Fabriz
Ricardo Antonio Lucas Camargo
Kon Tsih Wang
Organizadores

Artigos produzidos a partir de pesquisas desenvolvidas com os alunos do Dinter (Programa de Doutorado Institucional) da PUC Minas/Fametro, em Manaus

Del Rey editora

Belo Horizonte
2020

ORGANIZADORES

MÁRIO LÚCIO QUINTÃO SOARES

Mestre e Doutor em Direito Constitucional pela Universidade Federal de Minas Gerais (UFMG). Professor do Bacharelado, Mestrado e Doutorado da Faculdade Mineira de Direito – PUC Minas. Ex-Consultor da Coordenação de Aperfeiçoamento de Pessoal de Nível Superior (Capes). Membro do Instituto dos Advogados de Minas Gerais (IAMG).

DAURY CÉSAR FABRIZ

Mestre e Doutor em Direito Constitucional pela Faculdade de Direito da Universidade Federal de Minas Gerais (UFMG). Professor Associado do Departamento de Direito da Universidade Federal do Espírito Santo (UFES). Professor do Programa de Pós-Graduação em Direito da Faculdade de Direito de Vitória (FDV).

RICARDO ANTONIO LUCAS CAMARGO

Professor Associado da Faculdade de Direito da Universidade Federal do Rio Grande do Sul (UFRGS). Professor Visitante da Università degli Studi di Firenze. Ex-Presidente do Instituto Brasileiro de Advocacia Pública (2016-2018). Doutor em Direito pela Universidade Federal de Minas Gerais (UFMG). Procurador do Estado do Rio Grande do Sul.

KON TSIH WANG

Doutorando – Programa de Pós-Graduação em Direito da PUC Minas. Doutorado Interinstitucional – Dinter PUC Minas/Fametro. Mestre em Ciências Jurídico-Processuais pela Universidade Autônoma de Lisboa (UAL). Especialista em Direito Tributário e Legislação de Impostos pelo Centro Integrado de Ensino Superior do Amazonas (Ciesa). Especialista em Direito Empresarial pelo Ciesa. Especialista em Ciências Jurídico-Processuais pela Faculdade Maranhense São José dos Cocais. E-mail: konwang@hotmail.com.

AUTORES

ALBERTO BEZERRA DE MELO

Mestre em Direito pela Universidade de Limoges – França. Mestre em Comunicação pela Universidade de Marseille – França. Mestre em Administração pela Universidade Federal de Santa Catarina. Doutorando em Direito pela PUC Minas. E-mail: albertobezerrademelo@yahoo.com.br.

ANNI MARCELLI SANTOS DE JESUS

Doutoranda em Direito – Dinter PUC Minas/Fametro. Mestra em Sociologia pela Universidade Federal do Amazonas (UFAM). Advogada. Docente – Secretaria de Estado de Educação (Seduc-AM). E-mail: anni.marcelli.direito@gmail.com.

DANIEL CARDOSO GERHARD

Doutorando em Direito pela PUC Minas. Mestre em Filosofia pela Faculdade Jesuíta de Filosofia e Teologia (FAJE). Professor. Advogado.

EDMARA DE ABREU LEÃO

Doutoranda – Programa de Pós-Graduação em Direito da PUC Minas. Doutorado Interinstitucional – Dinter PUC Minas/Fametro. Mestra em Direito Ambiental pela Universidade do Estado do Amazonas (UEA). Especialista em Direito Processual Civil pelo Centro Integrado de Ensino Superior do Amazonas (Ciesa). Pós-graduada em Direito Processual pela Universidade da Amazônia (Unama). E-mail: maraleao@hotmail.com.

FABIANO DA SILVEIRA PIGNATA

Bacharel em Direito. Delegado de Polícia Civil (AM). Especialista em Direito Público. Mestre em Ciências e Meio Ambiente pela Universidade Federal do Pará (UFPA). Doutorando em Direito pela PUC Minas.

HELOM CÉSAR DA SILVA NUNES

Doutorando em Direito – PUC Minas/Fametro. Professor e Defensor Público, integrante do Programa de Aperfeiçoamento Profissional (DPE-AM). E-mail: helomcesar12@gmail.com.

JORGE EDUARDO DE SOUZA MARTINHO

Doutorando em Direito pela PUC Minas. Master of Business Administration em Direito Tributário pela Fundação Getulio Vargas – Rio de Janeiro. Membro do Instituto Brasileiro de Direito Tributário (IBDT) e do Instituto de Estudos Fiscais (IEFi). Professor. Advogado.

JORGE FERNANDO SAMPAIO MONTEVERDE

Docente na Faculdade La Salle Manaus. Graduado pela Universidade do Estado do Amazonas (UEA). Advogado. Especialista em Direito Público pela UEA. Especialista em Direito Constitucional e Especialista em Processo Civil pela Universidade Damásio de Jesus. Mestre em Direito Ambiental pela UEA. Doutorando em Direito pela PUC Minas/Dinter.

RAIMUNDO RÔMULO MONTE DA SILVA

Doutorando em Direito pela PUC Minas/Dinter, executado junto à instituição receptora, Faculdade Metropolitana de Manaus (Fametro). Especialista em Direito Público, com ênfase em Gestão Pública, pelo Instituto Damásio de Direito. Graduado em Direito pela Universidade Federal do Amazonas (UFAM). Advogado da União na Consultoria Jurídica da União no Estado do Amazonas (CJU-AM), órgão da Advocacia-Geral da União. E-mail: raimundo.monte@sga.pucminas.br.

ROBERTA KARINA CABRAL KANZLER

Advogada. Especialista em Metodologia do Ensino Superior. Mestre em Ciências e Meio Ambiente pela Universidade Federal do Pará (UFPA). Doutoranda em Direito pela PUC Minas.

RODRIGO FERNANDO DE ALMEIDA OLIVEIRA

Doutorando – Programa de Pós-Graduação em Direito da PUC Minas. Doutorado Interinstitucional – Dinter/PUC Minas/Fametro. Mestre em Direito pela Universidade Metodista de Piracicaba (Unimep). Especialista em Direito Processual Civil pela PUC-Campinas. E-mail: rodrigo@ow.adv.br.

WELLINGTON LINS DE ALBUQUERQUE JÚNIOR

Doutorando – Programa de Pós-Graduação em Direito da PUC Minas. Doutorado Interinstitucional – Dinter/PUC Minas/Fametro. Mestre em Ciências Jurídicas pela Universidade do Vale do Itajaí (Univali). Especialista em Direito Processual Civil pela Faculdade Metropolitana de Manaus (Fametro). Especialista em Direito Tributário pela PUC-SP. E-mail: wellins@uol.com.br.

WENDELSON PEREIRA PESSOA

Bacharel em Direito pela Universidade do Estado do Amazonas (UEA). Juiz Federal Substituto. Doutorando – Fametro/PUC Minas.

SUMÁRIO

APRESENTAÇÃO

Esta obra, denominada Reforma do Estado e direitos fundamentais, é produto das pesquisas desenvolvidas sob minha coordenação, com a devida assessoria pedagógica dos Professores Doutores Ricardo Antonio Lucas Camargo e Daury César Fabriz, em face do programa de Doutorado Interinstitucional promovido pelo Programa de Pós-Graduação em Direito da PUC Minas, o qual integro, junto ao Centro Universitário Fametro de Manaus.

Segundo a Coordenação de Aperfeiçoamento de Pessoal de Nível Superior (Capes),1 o Programa de Doutorado Interinstitucional (Dinter) possui os seguintes objetivos:

- viabilizar a formação, em nível de pós-graduação *stricto sensu* no país, de docentes das Instituições de Ensino Superior;
- formar doutores do quadro permanente de docentes de instituições distantes dos grandes centros de ensino e pesquisa, de modo a diminuir as assimetrias hoje existentes;
- fomentar a produção acadêmica e fortalecer, nas instituições atendidas, linhas de pesquisa que respondam às demandas relacionadas ao desenvolvimento local e regional.

Nessa linha de argumentação, a pesquisa é um dos pilares das atividades universitárias, juntamente com o ensino e a extensão.

Em sociedade democrática, os pesquisadores devem ter como objetivo produzir conhecimento, contribuindo para o avanço da ciência e para o desenvolvimento social.

A pesquisa científica consiste em um processo metódico de investigação, recorrendo a procedimentos adequados a fim de encontrar respostas para as hipóteses suscitadas.

1 Trata-se de uma fundação vinculada ao Ministério da Educação (MEC) que atua na expansão e consolidação da pós-graduação *stricto sensu* (mestrado e doutorado) em todos os Estados brasileiros.

Nesse sentido, esta coletânea de artigos se pauta em reflexões instigantes para a comunidade científica e se constitui em um trabalho que poderá produzir resultados novos e relevantes para o desenvolvimento local e regional da Amazônia.

Mário Lúcio Quintão Soares

Professor do Programa de Pós-Graduação em Direito da Pontifícia Universidade Católica de Minas Gerais

PREFÁCIO

Esta coletânea, que tenho a honra e o prazer de prefaciar, conta com estudos de alunos do Programa de Doutorado Interinstitucional (Dinter) em Direito, iniciado em agosto de 2018, entre a Pontifícia Universidade Católica de Minas Gerais (instituição promotora) e o Centro Universitário Fametro, de Manaus (instituição receptora).

O Programa de Pós-Graduação em Direito da PUC Minas, que iniciou suas atividades em 1997 e já titulou mais de 300 doutores e 1.100 mestres, tem forte compromisso com a solidariedade interinstitucional. Com base em formas bem estruturadas de parceria e cooperação, já realizamos desde 2009 dois programas de mestrado interinstitucional, e com o Centro Universitário Fametro estamos realizando o segundo programa de doutorado interinstitucional. As parcerias foram firmadas com instituições das regiões Nordeste, Norte e Centro-Oeste, viabilizando a formação de dezenas de mestres e doutores fora das regiões mais consolidadas de ensino e pesquisa no país.

Entre os organizadores da coletânea figura o Professor Doutor Mário Lúcio Quintão Soares, que teve a bela iniciativa de dar maior visibilidade aos trabalhos de pesquisa que os alunos do Dinter vêm desenvolvendo nos últimos anos. São trabalhos que versam sobre várias áreas do direito (constitucional, penal, processual, tributário), tendo como eixo central os Direitos Fundamentais, matéria de especialidade e devoção do Professor Doutor Mário Lúcio.

Os estudos compreendem diversas abordagens metodológicas: estudos teóricos, crítico-conceituais, interdisciplinares, sociojurídicos e de resgate histórico da trajetória de povos originários.

Que a publicação dessas pesquisas seja um prenúncio de pleno êxito na construção e na defesa das teses de doutorado que esses talentosos juristas e professores do Estado do Amazonas apresentarão à comunidade acadêmica e jurídica em 2022.

Belo Horizonte, agosto de 2020.

Marciano Seabra de Godoi

Coordenador do Programa de Pós-Graduação em Direito da Pontifícia Universidade Católica de Minas Gerais

Capítulo I

O século XXI e os meios de comunicação que enxovalham o direito à imagem:

o resplendor da Constituição de 1988 e a mudança de opinião em meio a uma reforma social por meio do mundo digital

Jorge Fernando Sampaio Monteverde

SUMÁRIO

INTRODUÇÃO

Há que se ter em mente a necessidade de democratização dos meios de comunicação de massa – para que não se perca a real intenção de proteção, como interesse público, da liberdade de informação – e a garantia de um *minimum* de respeito à esfera pessoal, correspondente ao conteúdo da dignidade da pessoa humana.

"Essa sombra que vês é o reflexo da tua imagem. Não é nada em si mesma; foi contigo que ela apareceu, e persiste, e tua partida a dissiparia, se tivesses coragem de partir", preconiza Ovídio.

O direito de imagem, recepcionado na Constituição de 1988[1] e no Código Civil,[2] como um direito de personalidade autônomo,

[1] *Vide* art. 5º e incisos V e X da CF/88, *in verbis*: "Art. 5º Todos são iguais perante a lei, sem distinção de qualquer natureza, garantindo-se aos brasileiros

consiste na projeção da personalidade física da pessoa, incluindo os traços fisionômicos, o corpo, atitudes, gestos, sorrisos, indumentárias, entre outros aspectos correlacionados à pessoa autônoma.

Trata-se de um dos direitos da personalidade dos quais todos os seres humanos gozam, facultando-lhes o controle do uso de sua imagem, seja a representação fiel de seus aspectos físicos, como o usufruto da representação de sua aparência individual e distinguível, concreta ou abstrata.

O direito de imagem, pois, é o direito assegurado a toda pessoa de ter sua imagem resguardada para que se preservem a respeitabilidade e a boa fama, atrelando-se a questões como a honra do sujeito.

Sendo assim, esse direito prevê que cabe indenização à exposição indevida, ou seja, sem autorização da pessoa. Para tanto, não necessita a imagem violar a intimidade ou honra da pessoa, bastando que seja publicada sem autorização.

Os direitos da personalidade são normalmente definidos como o direito irrenunciáveis e intransmissíveis, pois todo indivíduo tem de controlar o uso de seu corpo, nome, imagem, aparência ou quaisquer outros aspectos constitutivos de sua identidade.

Logo, há a dinamicidade dos meios de comunicação dos fatos sociais, existindo assim novas formas de ataque e violação da imagem do cidadão. Principalmente a vinculação da imagem de terceiros a conotações constrangedora.

---

e aos estrangeiros residentes no País **a inviolabilidade do direito à vida**, à liberdade, à igualdade, à segurança e à propriedade, nos termos seguintes: [...] V – **é assegurado o direito de resposta, proporcional ao agravo**, além da indenização por dano material, moral ou **à imagem**; [...] X – são invioláveis a intimidade, a vida privada, a honra e **a imagem das pessoas**, assegurado **o direito a indenização pelo dano material ou moral decorrente de sua violação**" (grifo nosso).

2 *Vide* art. 20 do CC, *in verbis*: "Art. 20. Salvo se autorizadas, ou se necessárias à administração da justiça ou à manutenção da ordem pública, a divulgação de escritos, a transmissão da palavra, ou a publicação, a exposição ou a **utilização da imagem de uma pessoa** poderão ser proibidas, a seu requerimento e sem prejuízo da indenização que couber, se lhe **atingirem a honra, a boa fama ou a respeitabilidade**, ou se se destinarem a fins comerciais" (*vide* ADIn 4.815) (grifo nosso).

Por esse motivo, deve-se ter cada vez mais cuidado com o que se compartilha nas redes sociais. A liberdade de expressão tem limite, e alguns tribunais, como o Tribunal de Justiça do Rio Grande do Sul, já demonstraram tal entendimento sobre a matéria versada. Até mesmo o conteúdo exposto no grupo de amigos do WhatsApp sem o consentimento do fotografado pode gerar demandas judiciais.[3]

1. O DIREITO À PERSONALIDADE

O direito à imagem se refere tanto à expressão física do indivíduo, de aparência e voz, quanto a sua identidade pessoal, de características e escritos. Trata-se da projeção da personalidade perante a sociedade. Enquanto o direito se confunde com a honra e o autoral, entre outros, observa-se que sua violação não requer ofensa ou reprodução de conteúdo protegido, bastando o uso indevido da imagem para justificar ação.

Assim, o direito à personalidade está entrelaçado à questão da cláusula fundamental da dignidade da pessoa humana.

> *Grosso modo*, o pressuposto e as consequências do princípio da dignidade (art. 1º, III, da Constituição Federal de 1988 – CF/88) estão expressos pelos cinco substantivos correspondentes aos bens jurídicos tutelados no *caput* do art. 5º da CF/88 são eles: vida (é o pressuposto), segurança (1ª consequência), propriedade (2ª consequência) e liberdade e igualdade (3ª consequência), sendo o pressuposto absoluto e as consequências, quase absolutas. Finalmente, a terceira consequência do princípio da dignidade é a consistente no respeito aos pressupostos mínimos de liberdade e convivência igualitária entre os homens (condições culturais). Excluindo o direito à vida e o direito à integridade

---

[3] BORGES, Roxana Cardoso Brasileiro. *Direitos de personalidade e autonomia privada*. 2. ed. rev. São Paulo: Saraiva, 2007. p. 157, 2007, menciona que: "A imagem é a representação física de uma pessoa, através de fotos, filmes, vídeos, pinturas e outros meios que reproduzam o rosto da pessoa ou partes de seu corpo ou sinais físicos que possam servir à sua identificação e reconhecimento".

> física e psíquica, já tratados, relacionam-se com esta consequência os demais "direitos de personalidade" – mas não em todos os seus aspectos e sim, nos aspectos fundamentais; são, aqui, direitos que se prendem ao livre desenvolvimento da pessoa humana no seu meio social.[4]

Nessa linha de argumentação, que o direito à personalidade tem como razão de ser a evolução do conceito de pessoa, que passou a ser considerada o valor-fonte de todos os demais valores, sendo o principal fundamento do ordenamento jurídico.

Reitere-se que os direitos da personalidade no Brasil estão inseridos nos arts. 11 a 21 do CC, encontrando no Direito Civil um âmbito normativo primário, sem necessidade de recorrência permanente ao texto constitucional[5] para sua corporificação.

> A opção da Constituição Federal pela dignidade da pessoa humana como fundamento da República, mas não só isso, como também os objetivos sociais (de promoção da igualdade e distribuição de renda), além da vedação da exclusão de quaisquer dos direitos e garantias fundamentais do art. 5º – tidos como cláusulas pétreas – são circunstâncias jurídicas que levam à conclusão de que aí está o *locus* de previsão do nosso direito geral da personalidade.[6]

Trata-se de um princípio de difícil enunciação, de espectro bastante amplo e de vagueza indisfarçável ante a inexistência – até o momento – de uma conceituação definitiva e amplamente aceita pela doutrina.

Nesse sentido, para o Ministro do STF Luís Roberto Barroso, deve-se aceitar uma noção de dignidade humana aberta, plástica e plural, nas seguintes perspectivas:

a) como valor intrínseco de todos os seres humanos;

---

4 *Vide* AZEVEDO, Antonio Junqueira de. Caracterização jurídica da dignidade da pessoa humana. *RTDC*, ano 2, v. 9, jan./mar. 2002.

5 *Vide* art. 1º, III, da CF/88.

6 TEPEDINO, Gustavo, *Temas de Direito Civil*, Rio de Janeiro: Renovar, 1999, p. 48.

b) a autonomia de cada indivíduo deve ser limitada por algumas restrições legítimas impostas em nome de valores sociais ou interesses estatais.[7]

Percebe-se o significado da comunidade no estabelecimento de metas coletivas e nas restrições impostas às liberdades individuais com vistas a um ideal de bem-estar coletivo.

O Tribunal Constitucional da Alemanha, com base nos artigos 1, I, e 2, I, da Lei Fundamental de Bonn, segue a mesma trilha acerca da aplicação da dignidade da pessoa humana na solução de conflitos.

De acordo com a jurisprudência daquele tribunal, há dimensões subjetivas e objetivas investindo as pessoas em direitos e impondo ao Estado certas prestações, pois todos têm o direito ao livre desenvolvimento de sua personalidade, **desde que não violem os direitos de outros e não atentem contra a ordem constitucional ou a lei moral** (grifo nosso).

Para Barroso, a corte constitucional alemã situa a dignidade da pessoa humana no ápice de seu sistema constitucional, representando um valor supremo, um bem absoluto, à luz do qual cada um dos outros dispositivos deve ser interpretado.[8]

2. LIBERDADE DE EXPRESSÃO

A Constituição de 1988, sob o paradigma constitucional Estado Democrático de Direito, insculpiu, em seus arts. 5º, IV, IX e XIV, e 220, os princípios da liberdade de expressão, manifestação do pensamento e liberdade de informação, sem criar direito absoluto ou ilimitado.

> A liberdade de pensamento, em si mesma, nunca foi um problema para o direito, pois o ser humano pode pensar o que quiser e ninguém será punido pelo seu pensar (*nemo poenam cogitationis patitur*), o pensamento, bom ou mau, que pode interessar às religiões e à moral – que exaltam o

---

7 BARROSO, Luís Roberto. *A dignidade da pessoa humana no direito constitucional contemporâneo.* Tradução de Humberto Laport de Mello. Belo Horizonte: Fórum, 2016. p. 72.

8 BARROSO, Luís Roberto. *A dignidade da pessoa humana no direito constitucional contemporâneo,* cit., p. 21-22.

> primeiro e condenam o segundo – é estranho às cogitações do mundo jurídico.[9]

Nos dias atuais, após o advento da internet, trazendo plataformas como Facebook, WhatsApp, Instagram e Twitter, principalmente, pôde-se notar significativo incremento no exercício da liberdade de expressão, visto que o acesso à difusão de ideias quedou-se facilitado e democratizado.[10]

Tal facilitação propiciou igualmente a ocorrência dos conflitos entre esse exercício e a preservação dos outros direitos da personalidade, como a honra, a imagem e a privacidade.

> A Internet, por ser uma mídia convergente, pulverizada e de livre acesso, tem a capacidade de promover a difusão de informações e dados que antes eram tradicionalmente transmitidos apenas por veículos de comunicação concentrados e setorizados (como televisão, rádio, jornal, revista). Na Internet, o acesso a diversos tipos de conteúdo (desde uma informação jornalística até eventos esportivos, filmes e músicas) é feito por um único meio convergente, aberto ao uso geral do público. Destacar que a Internet permite ainda maior acesso por parte de indivíduos e organizações sociais a canais de comunicação com a sociedade. *Blogs, wikis, web sites* interativos, redes sociais e salas de discussão contribuem para maior diversidade e pluralismo de informação. A Internet facilita a comunicação na medida em que torna muito mais fácil e barata a distribuição da mensagem ou do conteúdo informativo. Pode-se afirmar que a Internet permite uma distribuição mais igualitária das oportunidades de participação na esfera pública.[11]

---

9 CRETELA JUNIOR, J. *Curso de Direito Administrativo*, Rio de Janeiro: Forense, 1989, p. 204.

10 Art. 220 da CF. "A manifestação do pensamento, a criação, a expressão e a informação, sob qualquer forma, processo ou veículo não sofrerão qualquer restrição, observado o disposto nesta Constituição. § 1º Nenhuma lei conterá dispositivo que possa constituir embaraço à plena liberdade de informação jornalística em qualquer veículo de comunicação social, observado o disposto no art. 5º, IV, V, X, XIII e XIV".

11 FERNANDES, André Godoy, Meios de comunicação sociais no Brasil. Tese de doutoramento. Faculdade de Direito da USP, 2009, p. 306.

Além disso, a Constituição de 1988 garante ao cidadão um espaço apriorístico de movimentação: o uso de seu autorregramento privado para a exteriorização do pensamento e de toda a produção de seu espírito. O abuso desse direito e o agravo que daí pode decorrer são questões subsequentes e tratadas constitucionalmente.

Assim, a liberdade de expressão pode ser plenamente usada e livre de qualquer espécie de censura, dando margem *a posteriori* à reparação legal de quem for atingido por eventual abuso, ao direito de resposta ou à indenização dos danos materiais e mitigação dos danos morais dele decorrentes, configurando o binômio liberdade e responsabilidade.

> Os limites de atuação da imprensa encontram-se no exercício desimpedido do direito alheio de similar envergadura personalíssima. Ao lado do respeito à moral pública e aos bons costumes, absorvidos pela comunidade e consagrados pelo direito, repousam o respeito à vida privada e a homenagem à honra, entre tantas outras formas de projeção da personalidade humana, implementos fundamentais ao desenvolvimento espiritual pleno, indispensável à expansão do próprio indivíduo.[12]

Carlos Ayres Britto sempre mencionou em seus votos como Ministro do STF o interesse de excludentes constitucionais da abusividade, que teriam o condão de tornar lícito o exercício da liberdade de expressão mesmo diante de aparente abuso alegado por quem se sinta agravado pela veiculação daquele pensamento.[13]

Segundo leitura hermenêutica de Ayres Britto, há três comportamentos que são exclusivamente normatizados como excludentes da abusividade, ditados por imperativos de consciência:

1) A crença religiosa.

2) A convicção filosófica.

3) A convicção política.

---

[12] JABUR, Gilberto Haddad. *Liberdade de pensamento e direito à vida privada*, 2000. p. 189.

[13] *Vide* HC 82.424-2/RS, *DJ* 17.11.2003.

Percebe-se que a liberdade de expressão ganhou um decidido reforço constitucional, de índole liberal.

Não obstante, tal concepção não deve prosperar no ordenamento jurídico brasileiro, conforme decisões recentes do STF.

Dessa maneira, os limites da liberdade de expressão devem ser entendidos como a soma dos conflitos de resolução de interesses, podendo ensejar possíveis lesões ao direito à imagem e à viabilidade de ressarcimento.

3. POSSÍVEIS LESÕES AO DIREITO DE IMAGEM E O DEVIDO RESSARCIMENTO

Caso o titular de determinada imagem autorize sua utilização, esta se torna permitida.

Entretanto, tal consentimento deve ser interpretado restritivamente, pois o assentimento em se deixar fotografar não inclui sua publicação; tampouco a concordância com determinada publicação não abrange outros usos, tais como montagem para servir de deboche para os demais colegas do grupo ou até mesmo GIF.[14]

Barroso, em suas obras, desenvolveu um conjunto de parâmetros que auxiliam a tarefa do intérprete em caso de dúvida sobre a existência ou não de dano a reparar, se houver conflito entre direitos da personalidade e liberdade de expressão:

> A veracidade do fato, a licitude do meio empregado na obtenção da informação, a personalidade pública ou estritamente privada da pessoa objeto da notícia, o local do fato, a natureza do fato, a existência de interesse público na divulgação em tese e a existência de interesse público na divulgação de fatos relacionados com a atuação de órgãos públicos.[15]

---

14 A *performance* em GIF tem como objetivo reunir uma coletânea de GIF (*graphic interchange format*, formato composto de várias imagens do formato GIF, compactadas em arquivo único) performáticos. Ou seja, o que se busca é a ressignificação de um tipo de formato muito comum na cultura da internet.

15 BARROSO, Luís Roberto. Colisão entre liberdade de expressão e direitos da personalidade: critérios de ponderação: interpretação constitucionalmente

Desse modo, tanto as pessoas públicas quanto as notórias podem ter sua imagem divulgada, sem necessidade de autorização, desde que a veiculação ocorra em contexto informativo.

Nesses casos, haveria interesse geral pela informação e não de forma pejorativa, para a diminuição e causando transtorno com a imagem divulgada.

Dessa maneira, os fatos que ocorrem em locais públicos ou com amplo acesso a pessoas, tais como em um cinema, restaurante ou saguão de hotel, são amplamente noticiáveis, pois são locais públicos de grande circulação.

Há ainda fatos passíveis de divulgação, independentemente de eventual violação a direitos de personalidade, como catástrofes e acidentes, que têm evidente interesse jornalístico. Dessa forma, não há que se cogitar a violação do direito à imagem

O interesse público é diretriz de extrema importância, pois, se a divulgação de uma imagem encontra nele sua justificativa, prevaleceria a liberdade de expressão.

Logo, o interesse público deve ser presumido em um Estado Democrático de Direito, a fim de viabilizar a livre circulação de ideias.[16]

Nesse sentido, o art. 20 do Código Civil prevê como exceção, além dos casos de autorização, a possibilidade de utilização da imagem de pessoas em casos de necessidade à administração da justiça ou à manutenção da ordem pública.[17]

A liberdade individual e os direitos de personalidade estão frequentemente em colisão.

A função social dos meios de comunicação, ao promover a livre circulação de ideias, demonstra-se como uma engrenagem

---

adequada do Código Civil e da Lei de Imprensa. *Revista Trimestral de Direito Civil*, Rio de Janeiro: Padma, ano 4, v. 16, 2003. p. 91.

16 BARROSO, Luís Roberto. Colisão entre liberdade de expressão e direitos da personalidade, cit., p. 91.

17 Não será tratada neste artigo a Lei n. 13.869/2019, que regula certos aspectos da imagem.

essencial ao funcionamento do regime democrático, pelo que deve ser interpretada sistematicamente.

Dessa forma, a difusão não autorizada da imagem de outrem deve ser permitida sempre que sua censura implicar o sacrifício injustificado de outro direito fundamental, com destaque para o direito à informação, que traria consigo uma presunção de interesse público na veiculação pela imprensa.

Aplica-se tal interpretação inclusive quando a utilização é voltada para fins comerciais, os quais acompanham os meios de comunicação em um sistema econômico capitalista.

Em se tratando de direito à imagem, a obrigação de reparação decorre do próprio uso indevido do direito personalíssimo, não havendo de cogitar-se da prova da existência de prejuízo ou de dano.

O dano caracteriza-se na própria utilização indevida da imagem, não sendo necessária a demonstração do prejuízo material ou moral.

Dessa maneira, a ideia também decorre do fato de o dano moral nada mais ser do que a lesão ao princípio da dignidade da pessoa humana.

> Três ordens de mudanças geraram importantes efeitos na construção do conceito do dano moral, bem como na edificação de seus critérios de quantificação: a) o rumo da segurança à insegurança; b) a substituição da ética da liberdade pela ética da solidariedade; c) a proteção prioritária não mais da autonomia do indivíduo, mas da dignidade da pessoa humana.[18]

O princípio da dignidade da pessoa humana consiste em orientação máxima de interpretação em nosso ordenamento jurídico, conforme o art. 1º, III, da Constituição Federal.

Isso não impede, contudo, que esse princípio seja alvo de críticas, fundamentalmente em razão de seu alto grau de abstração.

Além disso, existem quatro princípios que denotam o substrato material da dignidade da pessoa humana:

---

[18] BODIN DE MORAES, Maria Celina, *Danos à pessoa humana:* uma leitura civil constitucional nos danos morais, Rio de janeiro, Renovar, 2003, p. 72.

1) A igualdade: o legislador constituinte teve a pretensão de enfrentar as desigualdades concretas existentes no país. Pode-se percebê-lo no art. 3º da CF/88, em que se propugna a erradicação da pobreza e da marginalização social.
2) A integridade psicofísica: diz-se que esta é capaz de garantir numerosos direitos de personalidade, como a vida, o nome, a imagem, a honra, a privacidade, o corpo, a identidade pessoal, instituindo o que se poderia entender como amplo direito à saúde.
3) A liberdade, por sua vez, cada vez mais abrange a privacidade, a intimidade, o exercício da vida privada, como poder de realizar as próprias escolhas individuais sem interferências.
4) A solidariedade, que impede a concepção de um sujeito mítico e ilusório e traz aos direitos uma necessária vinculação ao contexto social, a fim de propiciar existência digna e comum a todos, sem excluídos ou marginalizados.

Atenta-se para o fato de que a valorização da dignidade da pessoa humana trouxe consigo a valorização do conjunto de direitos da personalidade. Estes são hoje vistos como direitos autônomos, tanto cientificamente quanto normativamente, e passíveis de reparação, independentemente de sua repercussão patrimonial – ou seja, de sofrerem dano moral.

O princípio da dignidade da pessoa humana não visa apenas assegurar tratamento não degradante e proteção da integridade física do ser humano, pois, como princípio que contém os valores ético-jurídicos fornecidos pela democracia, é capaz de reformar completamente o Direito Civil, que não mais pode encontrar nos valores individualistas codificados seu fundamento axiológico, conferindo-lhe unidade valorativa e sistemática.

Além disso, trata-se de um direito fundamental, e, em relação à quantificação da indenização, cabe ao juiz avaliar a repercussão no meio em que a vítima vive.

A consequência social do dano relativamente à pessoa da vítima é uma condição pessoal importante para o momento do arbitramento.

Por fim, acerca da possibilidade de se utilizar o instituto da responsabilidade civil para reparação de danos morais decorrentes de agressão à imagem, a Constituição da República assegura a plena reparabilidade dos danos morais, expressamente ao direito de imagem.

O CC/2002, por seu turno, disciplina a responsabilidade civil de forma genérica no art. 186, ao garantir a reparação de dano, ainda que exclusivamente moral.[19]

Ao preconizar a necessidade de reparação decorrente de ato ilícito, entretanto, cabe destacar que a doutrina, mais recentemente, constata que houve o giro do ato ilícito para o dano injusto na seara da responsabilidade civil, mediante a mudança do foco do agente para a proteção da vítima.

Quanto à análise de aspectos gerais da responsabilidade civil, destaca-se o fato de que o dano imaterial (de acordo com a terminologia adotada por NORONHA, Fernando, Direito das Obrigações, Vol. I, São Paulo: Editora Saraiva, 2003, p. 552) seria aquele dirigido à pessoa. Esse dano pode manifestar-se como dano patrimonial e/ou extrapatrimonial, conforme a esfera da pessoa atingida (econômica ou anímica).

O dano moral, em sentido estrito, suscita intensa polêmica no que tange à violação do direito de imagem. O dano moral existe (presumido), uma vez que, provada a ofensa, restará demonstrado quando deriva diretamente do fato ofensivo.

Como fator importante para o delineamento desse entendimento, tem-se a dificuldade na apuração da existência e da extensão de um dano moral.

O dano patrimonial costuma ser definido por meio de uma operação matemática: consiste na diferença entre o que se tem e o que se teria não fosse o evento danoso.

Assim, não se deve ignorar que para os poderosos meios de comunicação é frequentemente lucrativo infligir danos materiais e morais em determinado sujeito, diante do montante que será obtido com a veiculação da imagem. Condenações que lhe sejam inócuas poderiam até mesmo estimular a postura sensacionalista.

---

19 A jurisprudência já vinha se inclinando para esse entendimento.

CONCLUSÃO

O século XXI trouxe a ampliação de diversos meios de comunicação, acompanhada de uma tecnologia imparável que para muitos é a inovação do mundo na busca de facilidade, comodismo e segurança, enquanto para outras pessoas é um tormento.

Em face do contexto atual, considerado a era da informação, a preocupação com a proteção jurídica da imagem vem angariando espaço considerável na doutrina e na jurisprudência.

Nesse diapasão, neste artigo procurou-se abordar os principais aspectos doutrinários que cercam o direito à imagem, bem como trazer à baila o entendimento jurisprudencial que gira em torno desse direito da personalidade.

Cabe mais discussão sobre a autonomia do direito à imagem em face dos outros direitos, como o direito à intimidade, o direito à vida privada e o direito à honra.

Com previsão constitucional, o legislador cuidou de criar proteção a cada um deles independentemente, conferindo-lhes autonomia e, assim, impossibilitando qualquer posicionamento contrário.

Assim, cumpre salientar, no que tange ao direito à imagem, que no Brasil é imperiosa a pesquisa contínua sobre o referido direito, com o fito de enriquecer o debate, a fim de que haja maior consenso acerca das questões controvertidas, bem como de que sejam elucidados os aspectos omissos que envolvem o tema em estudo, o que é imprescindível para seu domínio e eficácia plena.

Por fim, em sociedade democrática, mas conflituosa, a imagem de qualquer cidadão pode ser usada nos limites da lei, sem que venha macular sua honra ou infringir qualquer regra do ordenamento jurídico. Ocorrendo qualquer conduta lesiva, o cidadão ofendido em sua dignidade deve ter acesso a um Judiciário independente e imparcial, na perspectiva de buscar a devida reparação sobre o ato ilícito.

REFERÊNCIAS BIBLIOGRÁFICAS

AZEVEDO, Antonio Junqueira de. Caracterização jurídica da dignidade da pessoa humana. *RTDC*, ano 2, v. 9, jan./mar. 2002.

BARROSO, Luís Roberto. *A dignidade da pessoa humana no direito constitucional contemporâneo.* Tradução de Humberto Laport de Mello. Belo Horizonte: Fórum, 2016.

BARROSO, Luís Roberto. Colisão entre liberdade de expressão e direitos da personalidade: critérios de ponderação: interpretação constitucionalmente adequada do Código Civil e da Lei de Imprensa. *Revista Trimestral de Direito Civil,* Rio de Janeiro: Padma, ano 4, v. 16, 2003.

BORGES, Roxana Cardoso Brasileiro. *Direitos de personalidade e autonomia privada.* 2. ed. rev. São Paulo: Saraiva, 2007.

JABUR, Gilberto Haddad. *Liberdade de pensamento e direito à vida privada,* 2000.

SOARES, Mário Lúcio Quintão. *Direitos fundamentais e direito da União Europeia em momento de tensão.* Belo Horizonte: Arraes, 2016.

SOARES, Mário Lúcio Quintão. *Teoria do Estado.* 5. ed. Belo Horizonte: Arraes, 2017.

Capítulo 2

O princípio da vedação ao confisco como direito fundamental *versus* carga tributária brasileira

Kon Tsih Wang
Rodrigo Fernando de Almeida Oliveira
Wellington Lins de Albuquerque Júnior

SUMÁRIO

INTRODUÇÃO

Em uma sociedade democrática, o poder de tributar não pode chegar à desmedida do poder de destruir.[1]

Conforme o Instituto Brasileiro de Planejamento Tributário (IBPT), a carga tributária compromete cerca de 41,25%[2] dos

---

1 Tal assertiva é atribuída ao grande estadista inglês Winston Churchill.

2 AMARAL, Gilberto Luiz do; OLENIKE, João Eloi; AMARAL, Letícia Mary Fernandes do; YAZBEK, Cristiano Lisboa. *Estudo sobre os dias trabalhados para pagar tributos:* 2020. Curitiba, 2020. Disponível em: https://

rendimentos do brasileiro, já considerando a diminuição das atividades econômicas do país por conta da Covid-19, o que indica pouca redução com relação aos anos de 2016 a 2019, quando o percentual se manteve em 41,80%, ou seja, o contribuinte brasileiro teve de trabalhar, no ano de 2020, até o dia 30 de maio somente para arcar com tributos oriundas de todas as esferas.

Em percentuais do Produto Interno Bruto[3] (PIB), a carga tributária respondeu por 33,17%[4] em 2019.

Tal realidade demonstra-se avassaladora, considerando a situação em que se encontra a economia do país, com projeção de retração, aliada a serviços públicos precários,[5] mantidos pela receita da carga tributária.

Discutir a carga tributária tem sido questão controvertida,[6] pois tal ônus, quando muito oneroso, reprime a atividade econômica e prejudica o regular desenvolvimento de uma nação. De lado diametralmente oposto, quando insuficiente, enfraquece o Estado e acaba estimulando as injustiças.

Diante dos efeitos diversos que a tributação pode trazer, de pronto, observa-se que somente um sistema constitucional tributário

---

drive.google.com/file/d/134dHWzlWb1TbI1iofmVCcvV3LNnzJkQs/view. Acesso em: 15 jun. 2020. p. 2.

3 Representa a soma de todos os bens e serviços finais produzidos no Brasil.

4 Conforme o sítio https://sisweb.tesouro.gov.br/apex/f?p=2501:9::::9:P9_ID_PUBLICACAO:32076 e COSTA, Machado da; IRAJÁ, Victor. A conta será salgada. *Veja*, São Paulo, edição 2.690, n. 24, 10 jun. 2020. p. 47.

5 Em que pese a plena vigência da Lei federal n. 13.460, de 26 de junho de 2017, que "Dispõe sobre participação, proteção e defesa dos direitos do usuário dos serviços públicos da administração pública".

6 É tão controvertida, já que, segundo GODOI (Finanças públicas brasileiras: diagnóstico e combate dos principais entraves à igualdade social e ao desenvolvimento econômico. *Revista de Finanças Públicas Tributação e Desenvolvimento*, v. 5, p. 100-141, 2017. p. 141), em regra, por conta de informações sem bases empíricas que levam o senso comum a acreditar que "à base de preconceitos, manchetes e *slogans*, e não à base de dados e argumentos racionais, a associar a ideia de governo sempre à ideia de corrupção, a ideia de tributo sempre à ideia de roubo e desperdício", e, que por isso, seria necessária a educação fiscal.

bem estruturado e justo pode permitir a superveniência dos prós sobre os contras da arrecadação.

O poder de tributar, consoante o art. 145 da Constituição Federal, que pode parecer corroborar todos os argumentos sobre a ferocidade do fisco,[7] não se pode ignorar, uma vez que existe graças à necessidade que o Estado tem de captar recursos para custear as despesas necessárias à manutenção do Estado Democrático de Direito.

O tributo tem, de maneira geral, de ser considerado um instrumento de repartição da renda, por isso seu emprego serve para diminuir distorções sociais.

É claro que entre o caminho da tributação e seu destino existem pontos intermediários que podem mudar totalmente a realidade narrada.

Partindo-se da percepção de que há protestos da sociedade perante a atual carga tributária brasileira, faremos neste artigo uma análise desta em face do princípio da vedação ao confisco.[8]

1. O PODER DE TRIBUTAR E OS LIMITES IMPOSTOS PELA CONSTITUIÇÃO

"O tributo é vetusta e fiel sombra do poder político há mais de 20 séculos. Onde se ergue um governante, ela se projeta sobre o solo de sua dominação".[9]

O poder de tributar constitui-se em elemento primordial para o desenvolvimento de uma nação, e deve ser exercido[10] principalmente para a consecução dos objetivos previstos no preâmbulo, além dos arts. 3º, 4º, 5º, 6º e 7º da CF.

---

7 Não é à toa que o símbolo da Receita Federal do Brasil é um leão.

8 A presente pesquisa utilizará, quanto aos meios, o bibliográfico por recorrer a bibliografia especializada para a fundamentação teórica, além de dados estatísticos e do exame do próprio texto legal.

9 BALEEIRO, Aliomar. *Limitações constitucionais ao poder de tributar*. Atualizada por Misabel Abreu Machado Derzi. Rio de Janeiro: Forense, 1998. p. 1.

10 A competência tributária, ou seja, o poder de criar tributos, é facultative. Basta lembrar do imposto sobre grandes fortunas do art. 153, VII, da CF.

Dentre vários outros motivos, inclusive o de manter a própria estrutura do Estado, surge *o dever fundamental de pagar tributos.*

Historicamente, a Declaração dos Direitos do Homem e do Cidadão de 1789 já consagrava o dever de pagar tributos.[11]

A bem da verdade, se fôssemos fazer uma analogia, o Estado seria um grande condomínio residencial, sem fins lucrativos, cujo objetivo é estritamente o bem-estar da coletividade de quem dele tem domínio.

Ainda nessa analogia, imaginemos se eventualmente a taxa[12] de condomínio fosse fixada em assembleia geral em valor inferior ao necessário aos gastos da coletividade. O que aconteceria? Os condôminos teriam de pagar a cota extra. É o que acontece com o Estado.

Para Sabbag,[13] o poder de tributar (inserido no *ius imperium*) não é absoluto. Limita-se por regramentos que vêm refrear o exercício arbitrário da tributação, amoldando-o de acordo com a carga valorativa estabelecida no texto constitucional. De modo reflexo, a Constituição define o *modus operandi* do exercício desse poder, que deverá se dar, de forma justa e equilibrada, sem provocar danos à liberdade e à propriedade dos contribuintes.

A Constituição, com o intuito de evitar eventuais abusos por parte do Estado, no que se refere ao poder de tributar, fixou alguns limites.

Trata-se de limite do absoluto, especificamente ao poder de tributar, e tem importante significado, como bem definido por Gilmar Mendes e Paulo Branco:[14]

> As denominadas limitações constitucionais ao poder de tributar representam uma das primeiras esferas de restrição da intervenção estatal junto aos cidadãos.

---

11 PEREIRA, Ricardo Utrabo. *O dever fundamental de pagar tributos e sua relevância para o Estado Democrático de Direito.* Dissertação (Mestrado em Ciência Jurídica) – Universidade Estadual do Norte do Paraná, Jacarezinho-PR, 2018. p. 177.

12 Apesar da alcunha "taxa de condomínio", entendemos que o termo taxa é próprio de tributo.

13 SABBAG, Eduardo. *Manual de direito tributário.* 5. ed. São Paulo: Saraiva, 2013. p. 87.

14 MENDES, Gilmar Ferreira; BRANCO, Paulo Gustavo Gonet. *Curso de direito constitucional.* 7. ed. São Paulo: Saraiva, 2012. p. 2785.

Com efeito, ao contrário da aquisição de títulos da dívida pública, o financiamento do Estado por meio da tributação é coercitivo, o que torna absolutamente imprescindível a definição da extensão e da intensidade em que se autoriza a intervenção cogente da autoridade estatal.

2. DAS LIMITAÇÕES AO PODER DE TRIBUTAR COMO DIREITO FUNDAMENTAL E, POR CONSEGUINTE, CLÁUSULAS PÉTREAS

Tais limitações podem ser consideradas cláusulas pétreas, peculiares aos direitos fundamentais,[15] as quais não poderiam ser abolidas nem mesmo pelo poder constituinte derivado.[16]

De acordo com Paulsen,[17] as garantias constitucionais do contribuinte que o protegem contra o arbítrio e abusos do ente tributante, estabelecendo limites a serem observados na instituição dos tributos, têm nível de direito fundamental, configurando cláusulas pétreas. Assim, não podem ser revogadas, tampouco excepcionadas, sequer por emenda constitucional.

---

15 Como bem assevera Mário Lúcio Quintão Soares: "No decorrer do processo de constitucionalização, posicionou-se a doutrina dominante, compreendendo direitos fundamentais como direitos humanos positivados nas constituições estatais" (*Direitos fundamentais e direito da União Europeia em momento de tensão*. Belo Horizonte: Arraes, 2016. p. 72).

16 Tratando-se de direitos positivados na Constituição Federal de 1988, é de bom alvitre sempre lembrar os ensinamentos de Mário Lúcio Quintão Soares (*Direitos fundamentais e direito da União Europeia em momento de tensão*, cit., p. 12): "De todos os documentos medievais, o mais significativo para o processo histórico e jurídico de positivação dos direitos humanos é a *Magna Chartum Libertatum*, pacto subscrito entre o rei, os bispos, e o baronato, em 1215, na Inglaterra, que desempenhou papel decisivo no desenvolvimento das liberdades públicas inglesas, recebendo o epíteto de *fundamentum libertatis Anglicae*. A Magna Carta transcendeu o mundo feudal, ao assumir o caráter de documento exemplar, ao inserir, de forma primordial, de que há direitos fundamentais que nem mesmo o Estado pode infringir...".

17 PAULSEN, Leandro. *Direito tributário*: Constituição e Código Tributário à luz da doutrina e da jurisprudência. 14. ed. Porto Alegre: Livraria do Advogado, 2012. p. 562.

Nessa linha de argumentação inserem-se a legalidade, a irretroatividade e as anterioridades, bem como a isonomia, a vedação do confisco e a vedação à tributação interestadual e intermunicipal.

Também configuram cláusulas pétreas as imunidades que estão a serviço de liberdades públicas, como a imunidade dos templos e dos livros, e a imunidade recíproca, que preserva a forma federativa de Estado.

Para Sabbag,[18] os arts. 150, 151 e 152 da CF trazem consigo variados comandos principiológicos, pontualmente prestigiados pelo legislador constituinte.

Em muitos casos, esses princípios irradiam verdadeiras garantias constitucionais do contribuinte contra a força tributária do Estado, assumindo a postura de nítidas limitações constitucionais ao poder de tributar.

Nessa perspectiva, consoante a jurisprudência firmada pelo STF, o poder que tem o Estado de tributar sofre limitações que devem ser tratadas como cláusulas pétreas.[19]

Mesmo assim, há uma sistemática infringência dos direitos fundamentais no exercício do poder de tributar. De nada adianta um extenso rol de direitos fundamentais se mecanismos que assegurassem sua concretização também não fossem selecionados e incluídos no texto constitucional, nas situações – e não são raras – em que o Estado e os particulares os desconsiderassem, esclarece Dias.[20]

3. ASPECTOS GERAIS DO PRINCÍPIO DA VEDAÇÃO AO CONFISCO

Como demonstrado, o poder de tributar é peça fundamental na existência do Estado Democrático de Direito, ainda mais no que se refere à correção de distorções.

---

18 SABBAG, Eduardo. *Manual de direito tributário*, cit., p. 88.

19 "Ressalte-se que as garantias do contribuinte são consideradas cláusulas pétreas", conforme entendimento inaugurado pelo STF no julgamento da ADI 939 (Rel. Min. Sydney Sanches, *DJ* de 18-3-1994).

20 DIAS, Ronaldo Brêtas de Carvalho. *Processo constitucional e Estado Democrático de Direito*. 4. ed. Belo Horizonte: Del Rey, 2018. p. 89.

Analisando o poder de tributar, essas normas, principiológicas como são, devem pautar a conduta do legislador ordinário, a quem compete a criação e a majoração dos tributos, sob pena de serem inconstitucionais e, por conseguinte, retiradas do ordenamento jurídico.

Roque Carrazza[21] esclarece que os princípios jurídicos, em face do poder de tributar, atuam como "vetores para soluções interpretativas", e compelem o jurista a direcionar seu trabalho para as "ideias-matrizes contidas na Carta Magna".

Nesse sentido, o *caput* do art. 150 da CF vincula União, Estados, Distrito Federal e Municípios, de forma expressa. No aludido dispositivo há outros princípios, tais como o da legalidade tributária,[22] capacidade contributiva, não confisco, isonomia, irretroatividade, anterioridade (anual e nonagesimal[23]), como pilares que estruturam todo o sistema tributário vigente.[24]

---

21 CARRAZZA, Roque Antônio. *Curso de direito constitucional tributário*. 16. ed. São Paulo: Malheiros, 2001. p. 183.

22 Sobre a legalidade geral da qual decorre o princípio da legalidade tributária, a propósito, Lucas de Alvarenga Gontijo (*Filosofia do direito*. 2. ed. Belo Horizonte: D'Plácido, 2019. p. 118), ao relacionar o princípio da legalidade, o fenômeno da codificação e a teoria da sistematização do direito nos séculos XVIII e XIX, deixa claro que "O princípio da legalidade desponta como estratégia de ordenação social por meio de uma nova dinâmica jurídica, monopolizada pelos Estados de cunho liberal emergentes", com o mesmo raciocínio do Professor Cláudio Brandão (*Lições de história do direito canônico e história do direito em perspectiva*. Belo Horizonte: D'Plácido, 2017. p. 218) ao discorrer sobre o monopólio do direito pelo Estado e a lei como principal fonte do direito, afirmando que "A codificação representaria a própria superação das instituições do antigo regime, que seria substituída por um ordenamento de leis e que conduziria ao que foi chamado posteriormente de Estados de Direito, o qual seria resumido na submissão da ação estatal à própria lei criada pelo próprio Estado, por meio do seu poder legislativo. Tal desiderato era uma meta do liberalismo burguês...".

23 Esse princípio, diferentemente dos demais do artigo citado, não se encontrava no texto original da CF/88, tendo sido acrescentado por ocasião da Emenda Constitucional n. 42, de 19.12.2003.

24 MENDES, Gilmar Ferreira; BRANCO, Paulo Gustavo Gonet. *Curso de direito constitucional*, cit., p. 2.

Os princípios constitucionais, portanto, são diretrizes normativas, não existindo princípio no texto constitucional que esteja condenado à ineficácia, qualquer que seja o motivo.

Nessa linha de argumentação, nenhum tributo pode ser utilizado com efeito de confisco. Há, portanto, uma imposição.[25]

Para Luciano Amaro,[26] confiscar é desapossar alguém de seus bens em proveito do Estado.

A Constituição garante o direito de propriedade (art. 5º, XXII, e art. 170, II) e coíbe o confisco, ao estabelecer a prévia e justa indenização nos casos em que se autoriza a desapropriação (art. 5º, XXIV; art. 182, §§ 3º e 4º; art. 184).

A Constituição admite, como pena acessória, a perda de bens do condenado, na forma da lei (art. 5º, XLV e XLVI, *b*).

Conforme Nelson Nery Costa,[27] a nomenclatura "confisco" deriva do latim *confiscatio*, de *confiscare*, ou seja, consiste no ato de apreender ou adjudicar à Fazenda Pública bens privados sem decisão judicial ou administrativa.

As Ordenações Filipinas, recepcionadas no início do Império, previam o confisco como punição a certos delitos, como os crimes de lesa-majestade.

A Constituição de 1891 nada dispôs sobre a matéria e a Constituição de 1934 a proibia expressamente, tradição que foi mantida pelos outros textos constitucionais.

Hoje, o conceito de confisco é mais amplo, pois se aplica à noção de que a Fazenda Pública não pode retirar do contribuinte a capacidade de se sustentar ou de desenvolver suas atividades, violando também o princípio da boa-fé e o princípio da razoabilidade.

---

[25] Essa imposição também deve ser incluída como fator no princípio da capacidade contributiva, juntamente com o mínimo vital, em virtude do respeito ao mínimo existencial, como corolário da dignidade da pessoa humana, conforme asseverado por Marciano Seabra de Godoi (*Justiça, igualdade e direito tributário*. São Paulo: Dialética, 1999. p. 199).

[26] AMARO, Luciano. *Direito tributário brasileiro*. 18. ed. São Paulo: Saraiva, 2012. p. 328.

[27] COSTA, Nelson Nery. *Constituição Federal anotada e explicada*. 5. ed. Rio de Janeiro: Forense, 2012. p. 1679.

Para Sabbag,[28] o conceito de confisco tem sido apresentado como a absorção da propriedade particular pelo Estado, sem justa indenização. No momento em que isso ocorre, no plano tributário, exsurge o confisco em matéria tributária, revestindo-se da roupagem de tributo inconstitucional.

Gilmar Mendes e Paulo Branco[29] consideram que a vedação do confisco representa a proibição de absorver a propriedade tributada por inteiro.

Dessa maneira, o princípio comporia a estrutura basilar do sistema tributário e do Estado fiscal. Afinal, se o Estado é financiado por tributos incidentes sobre a propriedade privada, eliminá-la equivaleria a destruir sua própria fonte de recursos.

De acordo com Amaro,[30] os tributos (de modo mais ostensivo, os impostos) traduzem transferências compulsórias de recursos do indivíduo para o Estado.

Desde que a tributação se faça nos limites autorizados pela Constituição, a transferência de riqueza do contribuinte para o Estado é legítima e não confiscatória.

Portanto, não se quer, com a vedação do confisco, outorgar à propriedade uma proteção absoluta contra a incidência do tributo, o que anularia totalmente o poder de tributar. O que se visa é evitar que, por meio do tributo, o Estado anule a riqueza privada.

Indaga-se: em que medida o tributo pode ser considerado confiscatório, já que o princípio da vedação ao confisco carece de critérios objetivos?

Paulo de Barros Carvalho[31] esclarece que o objeto da regulação do art. 150, IV, da CF acaba por oferecer um rumo axiológico, tênue e confuso, cuja nota principal repousa na simples advertência ao legislador dos tributos, no sentido de comunicar-lhes que existe limite para a carga tributária.

---

28 SABBAG, Eduardo. *Manual de direito tributário,* cit., p. 391.

29 MENDES, Gilmar Ferreira; BRANCO, Paulo Gustavo Gonet. *Curso de direito constitucional,* cit., p. 2792.

30 AMARO, Luciano. *Direito tributário brasileiro,* cit., p. 329.

31 CARVALHO, Paulo de Barros. *Curso de direito tributário*. 24. ed. São Paulo: Saraiva, 2012. p. 309.

Não obstante, a ideia de certa subjetividade por parte do constituinte originário fora propositada.

> Além de determinado limite, ter-se-ia uma tributação confiscatória e, por conseguinte, contrária à Constituição. Mas definir o que vem a ser efetivamente esse limite não é algo que se possa fazer *a priori*. O que se proíbe é o efeito de confisco, que só pode ser verificado caso a caso, considerando-se a espécie tributária em questão e o substrato econômico sobre o qual incide. A alíquota que, em tese, pode ser considerada confiscatória para tributação da propriedade poderá não merecer a mesma qualificação se incidente sobre consumo.[32]

Preleciona Sabbag[33] que, consoante o texto constitucional, a carga tributária deve ser aceitável, razão por que o legislador houve por bem regrar o poder de tributar com as conhecidas limitações principiológicas a esse poder, destacando-se, sobretudo, o postulado constitucional que veda o tributo com efeito de confisco.

Para Luís Schoueri,[34] a dificuldade do princípio da proibição do efeito de confisco está na confirmação de sua ocorrência, pois confisco é conceito indeterminado.[35]

Há dois questionamentos pertinentes ao tema:

— *Cabe ao juiz ou ao legislador ordinário definir o que pode ser considerado efeito confiscatório do tributo? O confisco deve ser medido levando em consideração cada tributo individualmente ou o conjunto global, ou seja, a carga tributária?*

A nosso ver, em resposta ao primeiro questionamento, cabe tanto ao legislador ordinário como ao Judiciário definir o que é

32 MENDES, Gilmar Ferreira; BRANCO, Paulo Gustavo Gonet. *Curso de direito constitucional*, cit., 2972-2793.

33 SABBAG, Eduardo. *Manual de direito tributário*, cit., p. 385.

34 SCHOEURI, Luís Eduardo. *Direito tributário*. 2. ed. São Paulo: Saraiva, 2012. p. 689.

35 Ferramenta de que se vale o legislador, diante da limitação da linguagem, para expressar situação sujeita à submissão.

confiscatório ou não. Ao legislador infraconstitucional essa definição cabe, *grosso modo*, no momento em que fixa as alíquotas na lei. Ao julgador cabe em momento posterior, caso não tenha sido observado pelo legislador ordinário o preceito.[36]

Segundo Chimenti,[37] o caráter confiscatório do tributo deve ser analisado pelo Judiciário no caso concreto, considerando a carga tributária decorrente da totalidade dos tributos.

A resposta ao segundo questionamento pauta-se em Sabbag,[38] na perspectiva de que a identificação do efeito confiscatório deve ser formulada em função da totalidade da carga tributária, ou seja, no cotejo entre a capacidade tributária do destinatário do tributo e o grau de suportabilidade econômico-financeira da incidência de todos os tributos que podem sobre este incidir, em dado período, destinados a uma mesma entidade tributante.

Hugo de Brito Machado[39] leciona que a ocorrência do efeito de confisco há de ser examinada em face dos tributos. Aliás, se tal efeito fosse analisado em face de cada tributo especificamente, o Poder Público bem poderia praticar o confisco mediante a instituição e a cobrança de vários tributos, sem que nenhum deles, isoladamente, pudesse ser tido como confiscatório.

> O princípio da não confiscatoriedade limita o direito que as pessoas políticas têm de expropriar bens privados. Assim, os impostos devem ser graduados de modo a não incidir sobre as fontes produtoras de riqueza dos contribuintes e, portanto, a não atacar a consistência originária das suas

---

36 Observa Pereira (*Direito tributário simplificado*. São Paulo: Saraiva, 2011. p. 37): "Atentemos, entretanto, ao fato de que nossa Constituição Federal não indica o que deve ser considerado tributo com efeito de confisco. Tampouco traz características que tais tributos demonstram, de sorte que tal mensuração fica totalmente à mercê do Poder Judiciário".

37 CHIMENTI, Ricardo Cunha; PIERRI, Andréa de Toledo. *Teoria e prática do direito tributário*. 3. ed. São Paulo: Saraiva, 2012. p. 95.

38 SABBAG, Eduardo. *Manual de direito tributário*, cit., p. 402.

39 MACHADO, Hugo de Brito. *Comentário ao Código Tributário Nacional*. São Paulo: Atlas, 2003. v. I. p. 60.

> fontes de ganho. [...] Também, não se pode, em homenagem aos princípios da capacidade contributiva e da não confiscatoriedade, sujeitar um mesmo fato econômico à incidência de tantos impostos, que acabem por retirar do contribuinte o mínimo vital a que estamos aludindo.[40]

Mendes e Branco[41] esclarecem que, não obstante, jurisprudência do Supremo Tribunal Federal admite o exame, pela via do controle de constitucionalidade abstrato, do caráter confiscatório ou não de determinada exação fiscal. Ou seja, não é necessária apreciação de caso concreto para avaliação de ocorrência ou não de efeito confiscatório em tributo.[42]

Ainda que o art. 150, IV, da CF mencione apenas tributo e não sanção, em numerosos casos o Supremo Tribunal Federal tem aplicado o princípio também às multas moratórias, quer para justificar sua cobrança, quer para afastá-la.[43]

---

40 CARRAZZA, Roque Antônio. *Curso de direito constitucional tributário*, cit., p. 183. *Vide* Medida Cautelar na ADI 2.010/DF, na análise da Lei n. 9.783/99, no sentido de que a tributação incidente (imposto sobre a renda e contribuição para a seguridade social) sobre os rendimentos do servidor público não devem ser as alíquotas analisadas isoladamente.

41 MENDES, Gilmar Ferreira; BRANCO, Paulo Gustavo Gonet. *Curso de direito constitucional*, cit., p. 2793.

42 "A proibição constitucional do confisco em matéria tributária – ainda que se trate de multa fiscal resultante do inadimplemento, pelo contribuinte, de suas obrigações tributárias – nada mais representa senão a interdição, pela Carta Política, de qualquer pretensão governamental que possa conduzir, no campo da fiscalidade, à injusta apropriação estatal, no todo ou em parte, do patrimônio ou dos rendimentos dos contribuintes, comprometendo-lhes, pela insuportabilidade da carga tributária, o exercício do direito a uma existência digna, ou a prática de atividade profissional lícita ou, ainda, a regular satisfação de suas necessidades vitais básicas", decidiu-se na ADI 1.075.

43 *Vide* RE 523.471-AgR: "Conforme orientação fixada pelo STF, o princípio da vedação ao efeito de confisco aplica-se às multas. Esta Corte já teve a oportunidade de considerar multas de 20% a 30% do valor do débito como adequadas à luz do princípio da vedação do confisco. Caso em que o Tribunal de origem reduziu a multa de 60% para 30%. A mera alusão à mora, pontual

4. A "ALTA" CARGA TRIBUTÁRIA BRASILEIRA EM COMPARAÇÃO COM OUTROS PAÍSES

A carga tributária brasileira de 32,3% do PIB, em 2017,[44] não está entre as maiores do mundo,[45] mas, em compensação, é desproporcional e elevada.

Na prática, hoje, o Brasil está no *ranking* entre os países com alta carga tributária, porém que, de fato, presta os piores serviços públicos, tanto que houve a necessidade de edição de lei,[46] com um ano de vigência, para parametrizar a qualidade dos serviços públicos postos ao contribuinte.

E mais: pelo menos, aparentemente, a sociedade atual não aceita mais suportar todo o ônus do peso do Estado, ainda mais quando as notícias mais divulgadas nos veículos de comunicação dão conta de desvios, inclusive se utilizando da pandemia e da decretação de estado de calamidade pública para realizar dispensas de licitações perfeitamente questionáveis, tais como a operação Mercadores do

---

e isoladamente considerada, é insuficiente para estabelecer a relação de calibração e ponderação necessárias entre a gravidade da conduta e o peso da punição. É ônus da parte interessada apontar peculiaridades e idiossincrasias do quadro que permitiriam sustentar a proporcionalidade da pena almejada". Na mesma linha, merece referência o RE 239.964, em que se nega a aplicação ao princípio. "A multa moratória de 20% (vinte por cento) do valor do imposto devido, não se mostra abusiva ou desarrazoada, inexistindo ofensa aos princípios da capacidade contributiva e da vedação ao confisco".

44 A despeito de possuirmos dados mais atuais, tal como citado na introdução, para efeitos de comparação da Organização para a Cooperação e Desenvolvimento Econômico (OCDE), tomamos por base o ano de 2017.

45 França (46,2%), Dinamarca (46,0%), Bélgica (44,6%), Suécia (44%), Finlândia (43,3%), Itália (42,4%), Áustria (41,8%), Grécia (39,4%), Holanda (38,8%), Luxemburgo (38,7%), Noruega (38,2%), Hungria (37,7%), Islândia (37,7%), Alemanha (37,5%), Eslovênia (36,0%), República Tcheca (34,9%), Portugal (34,7%), Polônia (33,9%), Espanha (33,7%), Reino Unido (33,3%), Estônia (33,0%), República Eslováquia (32,9%), Israel (32,73%), **Brasil (32,3%)**, Canadá (32,3%), Nova Zelândia (32,0%), Latívia (30,4%), Suíça (28,5%), Estados Unidos (27,1%), Coreia do Sul (26,9%), Turquia (24,9%) e Irlanda (22,8%).

46 Lei Federal n. 13.460, de 26 de junho de 2017.

Caos,[47] no Estado do Rio de Janeiro, *Para Bellum*,[48] no Estado do Pará, e Apneia,[49] no Estado do Amazonas.

Tanto é que, sem bases empíricas *a priori*, apenas por observação, certa rede de televisão nacional resolveu promover a campanha "O Brasil que eu quero", na qual pessoas de todo o país, filmando seu depoimento com um *smartphone*, enviaram vídeos nos quais descreviam seus desejos para o futuro. Em quase todos, ou pelo menos na grande maioria, rogava-se por menos corrupção e desvio de dinheiro público. Em suma, o contribuinte teria de pagar a conta de qualquer maneira.

No *ranking* da corrupção de 2019, o Brasil encontrava-se em 106º lugar, juntamente com países como Albânia, Argélia, Costa do Marfim, Egito, Macedônia e Mongólia.[50]

Como se não bastasse os serviços públicos que deixam a desejar, os custos da manutenção da máquina estatal brasileira não diminuem, muito pelo contrário, sempre aumentam, e mesmo no mais otimista dos cenários o déficit (arrecadações menores que os gastos) perdurará até 2021.[51]

Isso sem contar que na época de tal previsão sequer se pensava em pandemia, muito menos nos efeitos desta, o que pressupõe que esse prazo certamente será alongado, ainda mais quando existe um rombo recorde nas contas públicas.[52]

---

47 Notícia veiculada no sítio https://g1.globo.com/rj/rio-de-janeiro/noticia/2020/06/17/policia-civil-e-ministerio-publico-do-rj-fazem-operacao-nesta-quarta-feira.ghtml.

48 Notícia veiculada no sítio https://noticias.uol.com.br/saude/ultimas-noticias/redacao/2020/06/10/pf-faz-operacao-para-investigar-compra-de-respiradores-pelo-governo-do-para.htm.

49 Notícia veiculada no sítio https://noticias.uol.com.br/saude/ultimas-noticias/redacao/2020/06/10/operacao-mp-amazonas.htm.

50 Dados retirados do sítio https://comunidade.transparenciainternacional.org.br/asset/67:indice-de-percepcao-da-corrupcao-2019?stream=1.

51 Noticiado no sítio https://oglobo.globo.com/economia/governo-preve-deficit-nas-contas-publicas-ate-2021-22584481.

52 Noticiado no sítio https://www1.folha.uol.com.br/mercado/2020/05/governo-federal-tem-rombo-de-r-929-bilhoes-nas-contas-publicas-em-abril.shtml.

Voltamos à analogia do condomínio residencial, ou seja, da cota extra, que implica o aumento da carga tributária.

É lastimável o que estamos vivendo na esfera tributária. O brasileiro não aguenta mais pagar tributos, mas o poder público não dá trégua, e a situação fática da pandemia certamente não ajuda.

A arrecadação federal, antes da decretação de estado de calamidade pública, crescia a todo o vapor em face do rentismo, mesmo em tempos de baixo crescimento econômico ou próximo de zero.[53]

É desanimador o fato de não contarmos com uma visão estratégica nas áreas tributária e fiscal no sentido de promover a produção, o emprego e a justiça social.

Eventuais reformas, que se afirmam como essenciais, tais como a tributária, ainda não foram realizadas. A da previdência saiu fragmentada.[54]

As reformas necessárias à retomada do crescimento econômico geralmente são medidas impopulares e inviáveis nestes tempos de pandemia.

Prevalece, entretanto, a ideia fixa dos governantes e dos tecnocratas de que o mais importante é gerar recursos para o poder público.

Arrecadar é o que importa, o resto é detalhe.

CONSIDERAÇÕES FINAIS

Nota-se que a carga tributária brasileira se demonstra confiscatória, não apenas pela porcentagem que compromete do PIB, mas pela sua contrapartida, em termos de serviços públicos.

O Governo como um todo, na tentativa de "emendar buracos", acaba prejudicando demais os contribuintes, ferindo indiscriminadamente o princípio do não confisco, previsto constitucionalmente.

Não se almeja com este artigo induzir uma redução na carga tributária, o que seria desejável, até porque o pagamento de tributos

53 Noticiado no sítio https://g1.globo.com/economia/noticia/arrecadacao-federal-cresce-10-em-janeiro-e-soma-r-155-bilhoes.ghtml.

54 Noticiado no sítio https://www.bbc.com/portuguese/brasil-49012872.

é um "mal" necessário para um "bem" maior, que vale o preço, pois a democracia tem alto custo, mas é essencial.

O que se quer é a propagação da informação, na acepção de Quadros de Magalhães:[55] "... o grande inimigo é a desinformação. A solução: mais democracia, participação, informação e mobilização, urgente".

O que se preza é a racionalização, de modo a corresponder e alinhar uma carga tributária razoável, possibilitando o retorno satisfatório que a sociedade brasileira tanto quer.

Equivale a dizer, segundo o adágio popular: o que não se quer é comprar gato por lebre.

É por isso que a consolidação e a consagração do princípio da vedação ao confisco no atual sistema constitucional tributário estão entre as maiores proteções que o contribuinte tem contra os abusos do Estado.

A nosso ver, antes de discutir qualquer medida para aumento de "cota extra", cabe ao síndico (governo), primeiramente, corrigir os vazamentos eventualmente existentes na rede de água ou energia, entre outros (desvio de dinheiro público), e, posteriormente, agir no sentido de prover gastos públicos mais eficientes, a fim de privilegiar o princípio da eficiência, insculpido no art. 37 da Constituição, e, por último, gerir de maneira responsável o patrimônio de todos.

Nesse enfoque, o princípio da proibição ou vedação ao confisco induz o administrador público a não aumentar a tributação com efeito de dar melhor retorno, e de racionalizar o uso do que já arrecada.

Destarte, aceitar pacificamente essas imposições equivale a fazer interpretação constitucional em desfavor do contribuinte, e todos devemos estar atentos a tais desmandos.

Para tanto, faz-se necessário que os sujeitos passivos desse tributo provoquem o Judiciário a manifestar-se sobre tamanha injustiça, para que este, com o devido provimento jurisdicional, traga o status *quo ante*, declarando-a inconstitucional, na esteira do

55 MAGALHÃES, José Luiz Quadros de. Procurando entender a crise brasileira: o golpe. *In*: GONTIJO, Lucas de Alvarenga; MAGALHÃES, José Luiz Quadros de; MORAIS, Ricardo Manoel de Oliveira (coord.). *Rompimento democrático no Brasil*. 2. ed. Belo Horizonte: D'Plácido, 2017. p. 128.

entendimento do Supremo Tribunal Federal, que assim já se posicionou e sedimentou a jurisprudência em julgados semelhantes.

REFERÊNCIAS BIBLIOGRÁFICAS

AMARAL, Gilberto Luiz do; OLENIKE, João Eloi; AMARAL, Letícia Mary Fernandes do; YAZBEK, Cristiano Lisboa. *Estudo sobre os dias trabalhados para pagar tributos:* 2020. Curitiba, 2020. Disponível em: https://drive.google.com/file/d/134dHWzlWb1TbI1iofmVCcvV3LNnzJkQs/view. Acesso em: 15 jun. 2020.

AMARO, Luciano. *Direito tributário brasileiro.* 18. ed. São Paulo: Saraiva, 2012.

BALEEIRO, Aliomar. *Limitações constitucionais ao poder de tributar.* Atualizada por Misabel Abreu Machado Derzi. Rio de Janeiro: Forense, 1998.

BRANDÃO, Cláudio. *Lições de história do direito canônico e história do direito em perspectiva.* Belo Horizonte: D'Plácido, 2017.

BRASIL. Constituição da República Federativa do Brasil, de 5 de outubro de 1988. *Diário Oficial de União* de 05.10.1988. [Em linha]. Brasília, 1988. Disponível em: http://www.planalto.gov.br/ccivil_03/constituicao/constituicaocompilado.htm. Acesso em: 15 jun. 2020.

CARRAZZA, Roque Antônio. *Curso de direito constitucional tributário.* 16. ed. São Paulo: Malheiros, 2001.

CARVALHO, Paulo de Barros. Os princípios constitucionais tributários no sistema positivo brasileiro. *In*: BARRETO, Aires F.; BOTTALLO, Eduardo Domingos (coord.). *Curso de iniciação em direito tributário.* São Paulo: Dialética, 2004.

CARVALHO, Paulo de Barros. *Curso de direito tributário.* 24. ed. São Paulo: Saraiva, 2012.

CHIMENTI, Ricardo Cunha; PIERRI, Andréa de Toledo. *Teoria e prática do direito tributário.* 3. ed. São Paulo: Saraiva, 2012.

COSTA, Machado da; IRAJÁ, Victor. A conta será salgada. *Veja*, São Paulo, edição 2.690, n. 24, 10 jun. 2020.

COSTA, Nelson Nery. *Constituição Federal anotada e explicada.* 5. ed. Rio de Janeiro: Forense, 2012.

DIAS, Ronaldo Brêtas de Carvalho. *Processo constitucional e Estado Democrático de Direito.* 4. ed. Belo Horizonte: Del Rey, 2018.

GODOI, Marciano Seabra de. *Justiça, igualdade e direito tributário*. São Paulo: Dialética, 1999.

GODOI, Marciano Seabra de. Finanças públicas brasileiras: diagnóstico e combate dos principais entraves à igualdade social e ao desenvolvimento econômico. *Revista de Finanças Públicas Tributação e Desenvolvimento*, v. 5, p. 100-141, 2017.

GONTIJO, Lucas de Alvarenga. *Filosofia do direito*. 2. ed. Belo Horizonte: D'Plácido, 2019.

MACHADO, Hugo de Brito. *Comentário ao Código Tributário Nacional*. São Paulo: Atlas, 2003. v. I.

MAGALHÃES, José Luiz Quadros de. Procurando entender a crise brasileira: o golpe. *In*: GONTIJO, Lucas de Alvarenga; MAGALHÃES, José Luiz Quadros de; MORAIS, Ricardo Manoel de Oliveira (coord.). *Rompimento democrático no Brasil*. 2. ed. Belo Horizonte: D'Plácido, 2017.

MENDES, Gilmar Ferreira; BRANCO, Paulo Gustavo Gonet. *Curso de direito constitucional*. 7. ed. São Paulo: Saraiva, 2012.

PAULSEN, Leandro. *Direito tributário:* Constituição e Código Tributário à luz da doutrina e da jurisprudência. 14. ed. Porto Alegre: Livraria do Advogado, 2012.

PEREIRA, Luciano de Almeida. *Direito tributário simplificado*. São Paulo: Saraiva, 2011.

PEREIRA, Ricardo Utrabo. *O dever fundamental de pagar tributos e sua relevância para o Estado Democrático de Direito*. Dissertação (Mestrado em Ciência Jurídica) – Universidade Estadual do Norte do Paraná, Jacarezinho-PR, 2018.

POLI, Leonardo Macedo; RABELO, César Leandro de Almeida; VIEGAS, Cláudia Mara de Almeida Rabelo. O direito do transexual de alterar o prenome, o gênero e exercer sua autodeterminação. *Revista Síntese de Direito: Família*, São Paulo, v. 15, n. 82, fev./mar. 2014.

SABBAG, Eduardo. *Manual de direito tributário*. 5. ed. São Paulo: Saraiva, 2013.

SCHOEURI, Luís Eduardo. *Direito tributário*. 2. ed. São Paulo: Saraiva, 2012.

SOARES, Mário Lúcio Quintão. *Direitos fundamentais e direito da União Europeia em momento de tensão*. Belo Horizonte: Arraes, 2016.

SOARES, Mário Lúcio Quintão. *Teoria do Estado*: novos paradigmas em face da globalização. 5. ed. Belo Horizonte: Arraes, 2017.

Capítulo 3

Advocacia Pública e concretização de direitos fundamentais:

ação civil pública ajuizada pela Advocacia-Geral da União para responsabilização das empresas fabricantes de cigarros

Raimundo Rômulo Monte da Silva

— **SUMÁRIO** —

INTRODUÇÃO

A Advocacia Pública enquanto função essencial à justiça consiste em uma inovação inserida nos arts, 151 e seguintes da Constituição de 1988.[1] Suas atividades precípuas abrangem a representação

---

[1] Antes, as competências atinentes à advocacia em favor da União eram exercidas pelo Ministério Público Federal, sem prejuízo do exercício de suas habituais atribuições, à semelhança do que ocorre nos Estados Unidos (CYRINO, 2017, p. 8).

judicial e extrajudicial, bem como a consultoria e o assessoramento jurídico, dos entes públicos.

Ao desempenhar tais atribuições, a Advocacia Pública participa ativamente na formulação normativa e na execução das políticas públicas do Estado, ou seja, torna-se protagonista na concretização dos direitos fundamentais[2] no Estado Democrático de Direito.

Neste artigo será analisada a atuação da Advocacia-Geral da União, concernente à ação civil pública ajuizada perante o Tribunal Regional Federal da 4ª Região, 1ª Vara Federal de Porto Alegre, sob o número 5030568-38.2019.4.04.7100, visando à responsabilização de empresas produtoras de cigarros pelos custos com os tratamentos médicos dos pacientes fumantes do Sistema Único de Saúde.

Para tanto, será verificado o contexto legal e constitucional de competências da União para promoção da saúde enquanto direito fundamental, e a possibilidade de o ajuizamento de ação se inserir no espectro de medidas que podem ser adotadas.

1. DA SAÚDE COMO DIREITO FUNDAMENTAL: COMPETÊNCIA DA UNIÃO PARA SUA CONCRETIZAÇÃO E POSSIBILIDADE DE AJUIZAMENTO DE AÇÃO

Sob o prisma constitucional, é inegável que a saúde é um direito social, consoante o art. 6º da Constituição, inserido em capítulo denominado "Dos Direitos Sociais". Pode-se dizer que o direito à saúde corresponde à efetivação da dignidade da pessoa humana, conforme o art. 1º, III, da Constituição.

Sarlet e Filchtiner Figueiredo preconizam a fundamentalidade do direito à saúde, em paralelo aos direitos humanos, sendo estes os que encontrariam guarida apenas na ordem jurídica internacional (2007, p. 173 e 177).

Parte significativa da doutrina sustenta que os direitos sociais, econômicos, culturais e ambientais não se caracterizam autenticamente como direitos fundamentais.[3]

[2] Por exemplo: em face de programas habitacionais populares, de cotas em instituições de ensino superior, da dispensa de medicamentos por meio do sistema único de saúde, dentre outros.

[3] Outros autores sequer adentram a discussão, desde logo partindo da premissa da fundamentalidade do direito à saúde. Nesse sentido, BARROSO (2009, p. 37).

No art. 196 do texto constitucional, é consagrada a fórmula que estabelece a saúde como "direito de todos e dever do Estado, garantido mediante políticas sociais e econômicas que visem à redução do risco de doença e de outros agravos e ao acesso universal e igualitário às ações e serviços para sua promoção, proteção e recuperação".

Não bastasse isso, verifica-se que o art. 23, II, da Constituição fixou como competência comum dos entes federativos cuidar da saúde e assistência pública.

A redação conjugada dos arts. 6º, 23, II, e 196 da Constituição deixa bastante claro que há participação ativa do Estado[4] na concretização do direito à saúde.

Tal participação se dá mediante políticas sociais e econômicas, o que acaba por obstar a função judiciária de decidir a respeito de casos individuais que lhe são submetidos, o que resulta no fenômeno da judicialização da saúde (BARROSO, 2009, p. 47).

Isto, pode-se afirmar, é um corolário da fundamentalidade do direito à saúde.

Especificamente quando se trata da União, a Constituição prevê a obrigação de aplicação anual, em ações e serviços públicos de saúde, de quantia mínima correspondente a 15% da receita corrente líquida do respectivo exercício financeiro (art. 198, § 2º, I).

O arcabouço normativo do Sistema Único de Saúde (Lei n. 8.080/90), por sua vez, atribui à União (art. 16) a responsabilidade pela condução das políticas de saúde pública no seu nível mais alto, com a própria formulação das políticas, bem assim a coordenação dos sistemas de atendimento às demandas de alta complexidade (inciso III, *a*). Especificamente quanto ao tabaco, é de se dizer que competem à União o controle e a fiscalização de procedimentos, produtos e substâncias de interesse para a saúde (inciso XII).

Não é difícil se perceber que há, no ordenamento jurídico pátrio, um dever da União para com o indivíduo e a sociedade, atinente à promoção do direito à saúde.

---

4 Aqui compreendido em sua tradicional concepção técnico-jurídica, enquanto ente soberano. Assim, há responsabilidade do Estado como um todo na concretização do direito à saúde, o que naturalmente engloba a União, o Distrito Federal, os Estados da Federação e os Municípios.

A formulação de políticas sociais e econômicas é a principal maneira de alcançar tal concretização, na forma do art. 196 da Constituição; por outro lado, a terminologia empregada do art. 23, II, da Constituição (que menciona em "cuidar da saúde") deixa em aberto o universo de medidas que podem ser empregadas pelo Poder Público para alcançar tal finalidade.

Nesse esteio, parece constitucionalmente possível o ajuizamento pela União de ação judicial que vise, sob alguma perspectiva, concretizar o direito à saúde – afinal, isso é "cuidar da saúde".

A própria fundamentalidade do direito à saúde reclama como essencial a possibilidade de acesso à jurisdição enquanto maneira de assegurar a concretização do direito (BARROSO, 2009, p. 36).

Assenta-se assim que, muito embora o habitual seja o particular acionar o Estado para concretizar o direito à saúde, nada impede que o contrário ocorra. Para exemplificar, é o que acontece com frequência na esfera previdenciária (que integra, com a saúde, a seguridade social), e se encontra legislado no art. 120 da Lei n. 8.213/91, que prevê hipóteses de ação regressiva em face dos causadores de contingências que resultem na concessão de benefícios pela previdência social.

Parece-nos, portanto, viável o ajuizamento de ação pelo Poder Público para visar à concretização do direito à saúde. Tal medida encontraria respaldo na terminologia aberta empregada pelo art. 23, II, da Constituição – em observação ao princípio da máxima efetividade das normas constitucionais, segundo o qual se deve interpretar a Constituição de maneira a conferir a suas normas a maior efetividade possível (SARLET, 2017), pelo que pode perfeitamente abrigar o ajuizamento de ações judiciais enquanto medida pertinente para a concretização de direitos fundamentais.

Considerando que a Advocacia-Geral da União é a instituição responsável pela representação judicial e extrajudicial da União em juízo, na forma do art. 131 da Constituição, é natural que esse ajuizamento ocorra por meio dela, do que se infere participação no processo.

Postas tais premissas, passa-se a analisar a ação ajuizada pela Advocacia-Geral da União (AGU), em face das empresas fabricantes de cigarro, sua extensão e seu objetivo.

2. AÇÃO CIVIL PÚBLICA AJUIZADA PELA ADVOCACIA-GERAL DA UNIÃO CONTRA EMPRESAS FABRICANTES DE CIGARROS

Elaborada pela Procuradoria-Regional da União da 4ª Região, a ação civil pública sob comento foi ajuizada, em 21 de maio de 2019, em desfavor das empresas Philip Morris e Souza Cruz, nas figuras de suas subsidiárias nacionais (Souza Cruz Ltda., Philip Morris Brasil S.A., Philip Morris Brasil Indústria e Comércio Ltda.) e suas controladoras internacionais (British American Tobacco PLC, controladora da Souza Cruz Ltda. e Philip Morris International, das demais).

Essa ação objetivou obter indenização, em favor da União, pelos dispêndios do Sistema Único de Saúde, com o tratamento de 17 tipos distintos de moléstias relacionadas ao consumo do tabaco[5] nos últimos cinco anos, bem como pagamento de danos morais coletivos em razão do prejuízo causado pelas aludidas empresas à sociedade.

A ação tem clara inspiração naquela ajuizada pelos Estados Unidos da América contra a Philip Morris e outras empresas produtoras de cigarros. Na demanda norte-americana, pretendeu-se a condenação das empresas ao pagamento das despesas médicas custeadas pelo governo estadunidense com doenças relacionadas ao tabaco, o *disgorgement*[6] de US$ 289 bi, e a obrigação de as empresas custearem um fundo para financiamento de campanhas de contrapropaganda em relação ao consumo de cigarros, entre outras medidas (ESTADOS UNIDOS DA AMÉRICA, 2006, p. 11).

---

5 Câncer de bexiga, câncer de colo do útero, câncer colorretal, câncer de esôfago, câncer de rim, câncer de laringe, leucemia mieloide aguda, câncer de fígado (carcinoma hepatocelular), câncer de pulmão, câncer de cavidade oral e faringe, câncer de pâncreas, câncer de estômago, aneurisma da aorta abdominal, aterosclerose/doença vascular periférica, doença cerebrovascular, doença coronariana, tuberculose, doença pulmonar obstrutiva crônica, pneumonia, diabetes, catarata nuclear, degeneração macular neovascular relacionada à idade e atrófica, fratura de quadril, periodontite, baixa densidade óssea após a menopausa, úlcera péptica (em portadores de *Helicobacter pylori*) e artrite reumatoide.

6 Devolução dos valores obtidos de maneira ilícita. No caso, os Estados Unidos da América alegavam que os ganhos das empresas com a venda de produtos derivados do tabaco teriam sido obtidos mediante dissimulação e fraude quanto aos reais riscos de consumo do produto vendido.

A iniciativa brasileira consistiria em um grupo maior de compromissos antitabagismo assumidos pelo país.

Ressalte-se que o Brasil é signatário da Convenção-Quadro para o Controle do Tabaco, internalizada no ordenamento jurídico pátrio por meio do Decreto Legislativo n. 1.012/2005 e pelo Decreto n. 5.658/2006.[7]

Com efeito, a AGU sustenta (2019, p. 15) que a ação dá cumprimento ao referido acordo internacional, pelo que se infere que a legislação existente no Brasil é suficiente à responsabilização das empresas fabricantes de cigarro (isto é, não são necessárias novas medidas legislativas, mas a mera promoção da legislação vigente).

Faticamente, a AGU sintetiza sua pretensão nessas premissas:

> 1. as rés Souza Cruz e Philip Morris Brasil, bem como suas matrizes controladoras, respectivamente British American Tobacco e Philip Morris International, fabricam cigarros, produto de tabaco consumido por milhões de pessoas no Brasil, sendo líderes no mercado lícito de venda de cigarros no país, detendo aproximadamente 90% (noventa por cento) de tal mercado;
>
> 2. o cigarro é comprovadamente nocivo à saúde e a nicotina, seu princípio ativo, é uma droga psicoativa que causa dependência física e psíquica (CID 10: F17.2);
>
> 3. as demandadas, desde os anos 50, já detinham conhecimentos das características nocivas e do caráter aditivo de seus produtos. Tal conhecimento restou aprimorado com o passar dos anos, mas nunca foi compartilhado, espontaneamente, com a sociedade e o Estado;
>
> 4. o tratamento das doenças associadas ao tabagismo onera significativamente o já deficitário sistema de saúde

7 No art. 19 da Convenção, os Estados-Parte se comprometeram a adotar medidas internas para responsabilização civil e penal, bem como compensações, que estejam relacionadas ao consumo do tabaco: “Parte VI: Questões Relacionadas à Responsabilidade. [...] Artigo 19 Responsabilidade 1. Para fins de controle do tabaco, as Partes considerarão a adoção de medidas legislativas ou a promoção de suas leis vigentes, para tratar da responsabilidade penal e civil, inclusive, conforme proceda, da compensação”.

público. Os recursos gastos com esses tratamentos acabam por dificultar o financiamento e o atendimento em saúde para demandas diversas;

5. em relação a determinadas doenças, os gastos da União com saúde caracterizam uma externalidade negativa causada diretamente pela atividade desenvolvida pelas empresas demandadas, o que, atualmente, pode ser corroborado por meio de nexo causal epidemiológico e calculado por diversos métodos quantitativos cientificamente consagrados – tais métodos, inclusive, já foram aplicados em demandas similares, em foros internacionais; [...]

8. os valores sociais da livre iniciativa são fundamento da República (art. 1º, inc. IV, da CF/88). O consumo do cigarro se consolidou mundialmente, bem como na sociedade brasileira, antes que cidadãos e entidades governamentais estivessem cientes de sua nocividade;

9. a ordem econômica nacional, fundada na livre iniciativa, tem por fim assegurar a todos existência digna conforme os ditames da justiça social (art. 170 da CF/88). Nesse momento atual, não se mostra mais possível a mera proibição da comercialização de produtos derivados de tabaco; [...]

11. comprovadamente, os danos causados pelas demandadas superam, em enorme monta, os valores arrecadados com tributos de sua atividade. Ademais, o pagamento de tributos não elide ou compensa a responsabilidade civil; [...]

13. a British American Tobacco e a Philip Morris International, na condição de proprietárias e controladoras das filiais brasileiras, sempre detiveram e exerceram poder de direção e controle sobre elas, indicando seus executivos e impondo diretrizes relativas às estratégias de *marketing* e de *lobby* para defesa de seus interesses. Além disso, ambas recebem os lucros da produção nacional de suas subsidiárias. Sobretudo, atos e omissões dessas empresas matrizes internacionais, de igual forma, atingiram a população brasileira;

14. As demandadas, tanto as empresas matrizes, como as filiais brasileiras, há décadas adotam estratégias para enganar o público e omitir informações sobre os malefícios do cigarro, bem como a extensão desses malefícios e da dependência da

> nicotina, além de incutirem benefícios do consumo de cigarros denominados *light,* tudo em descompasso com suas pesquisas internas. Omitiram fatos sobre o seu produto (dos quais tinham inequívoco conhecimento, segundo documentos internos) e resistiram e resistem às regulamentações legais e das autoridades sanitárias (AGU, 2019, p. 28).

Os argumentos de fato expendidos centram-se na perspectiva de que a Philip Morris e a Souza Cruz, bem como suas controladoras, desde a década de 50 do século passado conhecem os malefícios causados pelo consumo de cigarro.

Segundo a AGU, ao invés de esse conhecimento ser trazido a público, as empresas optaram por investir em desinformação e contrapropaganda, efetivamente desacreditando estudos que apontassem tais malefícios, induzindo o consumidor a acreditar que haveria benefícios no consumo de determinados tipos de cigarro, em detrimento de outros, e efetivamente resistindo às pretensões de regulamentação legal que visassem esclarecer os riscos associados ao consumo de cigarro.

Considerada a redação do art. 196 da Constituição, tem-se que os custos com o tratamento das doenças advindas do consumo de cigarros seriam arcados pelos entes federados, todos solidariamente responsáveis pela saúde pública.

Em outros termos, haveria nexo de causalidade entre a conduta das empresas rés e os gastos públicos, no âmbito do Sistema Único de Saúde, para o tratamento de doenças associadas ao consumo de cigarro.

É a partir dessas premissas que a AGU sustentou na ação que as empresas rés podem e devem ser responsabilizadas pelo prejuízo causado à União com o custeio do tratamento de tais doenças:

> É dizer, as requeridas devem arcar com os danos causados à União, que é obrigada a custear as despesas dos tratamentos das doenças atribuíveis ao cigarro (art. 196 da CF), bem como compensar a sociedade como um todo por haver adotado condutas que dolosamente a ludibriaram. Ao final, enquanto as demandadas internalizavam (e internalizam) para si os proveitos decorrentes de tais condutas, estatizavam (e estatizam) as suas externalidades negativas na saúde da população brasileira.

> O que se pede, portanto, é a reparação integral do dano, que assume, a uma só vez, contornos monetários, devido à impossibilidade de retornar ao *status quo ante*, e contornos punitivos-pedagógicos, de modo que as demandadas compreendam a gravidade da sua conduta (AGU, 2019, p. 177).

Para a AGU, o fundamento jurídico da pretensão se encontraria:

1) no art. 927, parágrafo único, do Código Civil, se considerado que a venda de fumígenos seria uma atividade que pela sua própria natureza implicaria riscos para o direito de outrem, hipótese de responsabilidade objetiva (AGU, 2019, p. 163 e 164);
2) no art. 931 do Código Civil, se considerados os danos causados pelos fumígenos postos em circulação, hipótese também de responsabilidade objetiva (AGU, 2019, p. 169);
3) nos art. 186 e 927 do Código Civil, se observada a culpa e/ou dolo das empresas rés na omissão/dissimulação de informações de maneira deliberada com o fim de manter sua atividade econômica pujante, causando prejuízos à sociedade, hipótese de responsabilidade subjetiva (AGU, 2019, p. 177).

3. CONSIDERAÇÕES ACERCA DA ATUAÇÃO DA INDÚSTRIA DO FUMO E EVENTUAIS RESULTADOS DA AÇÃO CIVIL PÚBLICA

Há evidências múltiplas que confirmam as intervenções da indústria do fumo para evitar a disseminação de informações associadas aos malefícios do consumo de cigarros.

Perez, Silva e Bialous (2017) observaram o histórico das advertências sanitárias constantes dos produtos fumígenos no Brasil, subdividindo-o em três fases: uma, em que as advertências consistiriam em mero texto (1988-1994); outra, em que as advertências consistiriam em pictogramas (1994-1995); e uma terceira, consistente no retorno às advertências apenas em texto (1995-2001).

Em todas as fases, as empresas British American Tobacco e Philip Morris se articularam para tentar impedir a veiculação das mensagens de advertência em seus produtos.

Constatou-se ainda que o retrocesso ocorrido, da segunda para a terceira fase, com a remoção dos pictogramas das advertências sanitárias, consistiu em pressão direta daquelas companhias:

> Esse momento configura uma forte interferência da indústria fumageira no processo de adoção de medidas de controle do tabaco no Brasil. O período compreendido entre os anos de 1994 e 1995 foi bastante rico e representa um exemplo claro para a análise das reações da indústria do tabaco, que deixa de se apresentar como grupo de interesse, passando a atuar como um forte grupo de pressão.
>
> Analisando esse processo, fica claro que a interferência da indústria fumageira é extremamente atuante e que precisamos sempre ter em mente que se trata de uma indústria que funciona na contramão da saúde pública, buscando minar os esforços dos governos e das organizações não governamentais, oferecendo resistência ou, até mesmo, como comprovado neste artigo, criando obstáculos por forçar medidas importantes, já estabelecidas pelo governo, a retrocederem. Os defensores do controle do tabaco devem se antecipar e combater as estratégias e argumentos utilizados pela indústria se desejarem maximizar a utilização da embalagem como um veículo para aumentar a conscientização sobre os malefícios do tabagismo e não o seu consumo (PEREZ, SILVA E BIALOUS, 2017, p. 212).

Boeira e Johns (2007) denunciam a atuação da indústria do fumo no sul do Brasil, visando correlacionar a ratificação da Convenção-Quadro para o Controle do Tabaco com o fim de atividades comerciais e empregos em Santa Cruz do Sul, região caracterizada pela atividade fumageira:

> Em agosto de 2003 o texto da CQCT foi entregue pelo Poder Executivo ao Poder Legislativo e em maio de 2004 é aprovado na Câmara dos Deputados e remetido ao Senado; a aprovação coincide com a proximidade da celebração oficial do Dia Mundial Sem Tabaco (31 de maio) pela OMS no Brasil, cujo tema foi tabaco e pobreza (BRASIL, 2004). Ao chegar ao Senado o tratado fica praticamente esquecido até as vésperas das eleições municipais de 2004,

> quando a AFUBRA começa a fazer *lobby* junto aos parlamentares, argumentado que o tratado provocaria o desemprego de 2,2 milhões de famílias ao mesmo tempo em que lidera a campanha de desinformação sobre os objetivos do tratado entre os fumicultores. A partir de então trava-se uma verdadeira batalha no Senado federal entre os grupos pró-CQCT e contra-CQCT.
>
> É nesse contexto que a ACT assume um papel de liderança na articulação de apoio pela ratificação do tratado. O poder de influência da indústria e suas aliadas foi tão forte no Congresso, que pela primeira vez na história do Brasil são realizadas cinco audiências públicas fora de Brasília, todas em cidades da região sul do Brasil. A primeira audiência pública foi realizada na Comissão de Relações Exteriores em setembro de 2004. A campanha de desinformação na microrregião fumageira de Santa Cruz do Sul, com anúncios de página inteira, tinham manchetes como "querem acabar com a fumicultura" (ZERO HORA, 2005), e incitava os leitores a protestar, enviar cartas aos senadores, e comparecer em massa nas audiências públicas em ônibus financiados pela indústria e pelas prefeituras locais das microrregiões fumageiras.
>
> A batalha durou mais de um ano. A ACT buscou desconstruir o discurso da indústria e de seus aliados de que a ratificação do tratado levaria a região sul a uma tragédia social e econômica. Tal discurso foi difundido simultaneamente entre senadores e a população das microrregiões produtoras. Embora todas as análises sobre o contexto do mercado de folha de fumo mundial apontassem para um crescimento ainda maior da produção de fumo no Brasil, o discurso industrial enfatizou uma relação de causa e efeito entre a ratificação do tratado e o fim da fumicultura no Brasil (BOEIRA e JOHNS, 2007, p. 16).

A sentença produzida pelo distrito de Columbia na ação em que se inspira a AGU, para além de reconhecer esses esforços, reconhece também que houve esforço deliberado das empresas para ocultar os resultados internos acerca das pesquisas que comprovavam que os produtos vendidos provocavam danos à saúde. Reconhece também que houve um projeto das empresas para atuação junto às instâncias acadêmicas e científicas existentes, visando descreditar os estudos que reconhecessem malefícios no consumo de cigarro, manter consumidores e autoridades de saúde pública em dúvida quanto ao consumo de cigarros, e que havia tendência à permanência dessas atividades no tempo:

> The evidence in this case clearly establishes that Defendants have not ceased engaging in unlawful activity. Even after the Complaint in this action was filed in September 1999, Defendants continued to engage in conduct that is materially indistinguishable from their previous actions, activity that continues to this day. For example, most Defendants continue to fraudulently deny the adverse health effects of secondhand smoke which they recognize internally; all Defendants continue to market "low tar" cigarettes to consumers seeking to reduce their health risks or quit; all Defendants continue to fraudulently deny that they manipulate the nicotine delivery of their cigarettes in order to create and sustain addiction; some Defendants continue to deny that they market to youth in publications with significant youth readership and with imagery that targets youth; and some Defendants continue to suppress and conceal information which might undermine their public or litigation positions. [...] Significantly, their conduct continues to further the objectives of the overarching scheme to defraud, which began by at least 1953. Their continuing conduct misleads consumers in order to maximize Defendants' revenues by recruiting new smokers (the majority of whom are under the age of 18), preventing current smokers from quitting, and thereby sustaining the industry[8] (ESTADOS UNIDOS DA AMÉRICA, 2006, p. 1603 e 1604).

Nesse contexto, parecem se confirmar os argumentos da Advocacia-Geral da União, no sentido de que haveria uma movimentação

[8] "A evidência neste caso claramente aponta que os réus não cessaram sua participação em atividades ilegais. Mesmo depois de a presente ação ter sido ajuizada, em setembro de 1999, os réus continuaram a participar em condutas que são materialmente indistinguíveis das suas ações pretéritas, atividade que continua nos dias presentes. Por exemplo, a maioria dos réus continua a fraudulentamente negar os efeitos adversos à saúde do fumo passivo, ainda que os reconheça internamente; todos os réus continuam a fazer propagandas de cigarros com 'baixo teor' direcionadas a consumidores que pretendem reduzir riscos à saúde, ou parar de fumar; todos os réus

efetiva das empresas do ramo de cigarros com o propósito de evitar que os malefícios do tabaco fossem amplamente divulgados, e que resultasse em prejuízo à atividade econômica desenvolvida.

Não é improvável, pois, o sucesso da ação civil pública ajuizada, com a obtenção de condenação das rés ao ressarcimento dos custos despendidos pela União com o tratamento de doenças associadas ao consumo de produtos fumígenos, especificamente o cigarro.

Há que se questionar, no entanto, a efetividade do caminho escolhido pela Advocacia-Geral da União.

Há a latente possibilidade de internalização dos custos da demanda judicial na cadeia produtiva das empresas rés, a culminar no repasse ao consumidor final dos custos com os tratamentos ora cobrados pela União – à semelhança daquilo que ocorre com os tributos indiretos, como o imposto sobre produtos industrializados (IPI) e o imposto sobre circulação de mercadorias e serviços (ICMS).

É de se destacar que a ação ajuizada em momento algum discute uma eventual atuação no sentido de evitar o repasse da despesa ao consumidor.

Assim, um provável efeito colateral do sucesso da demanda é que, na prática, o próprio consumidor seja aquele a custear as despesas que, na forma pretendida pela Advocacia-Geral da União, deveriam ser custeadas pelas empresas rés.

Um argumento em favor desse efeito colateral seria o de que é razoável que fumantes pagassem pelo próprio tratamento, na medida em que oneram mais o sistema público de saúde. Tal argumento, no entanto, não resiste à redação do art. 196 da Constituição, que implicitamente garante a gratuidade dos serviços públicos de saúde.

---

continuam a fraudulentamente negar que manipulam a absorção de nicotina em cigarros para induzir vício e sustentá-lo; alguns réus continuam a negar que sua propaganda seja direcionada a jovens, em publicações com significativo impacto entre jovens, e imagens direcionadas ao público jovem; e alguns réus continuam a suprimir e omitir informações que possam enfraquecer sua posição, pública ou em litígio. [...] Suas condutas seguem concretizando os objetivos do esquema de fraude iniciado ao menos em 1953. Suas reiteradas condutas enganam consumidores, de maneira a maximizar os lucros dos réus por meio do recrutamento de novos fumantes (a maior parte com menos de 18 anos), dificultando que os atuais fumantes cessem a prática, e com isto sustentando a indústria". Tradução livre.

Poder-se-ia insistir no argumento, sustentando que o fumante já faz pagamentos diferenciados e majorados em favor do SUS, na medida em que incidem diversos impostos, com alíquotas de caráter extrafiscal, sobre os produtos fumígenos.

Não obstante, os impostos em questão não estão necessariamente vinculados a uma despesa em específico, na forma do art. 167, IV, da Constituição. Ainda que se diga que o dispositivo constitucional autoriza a vinculação da receita de impostos às despesas com ações e serviços de saúde, tal exceção é aberta apenas para Estados e Municípios, na forma do art. 198, § 2º, da Constituição, e diz respeito apenas ao repasse de percentuais, jamais da receita integral do imposto.

Assim, não é possível comparar o pagamento de impostos ao repasse, pelas empresas rés, de eventual condenação na demanda ajuizada pela Advocacia-Geral da União ao consumo de produtos fumígenos.

Por fim, há de se considerar ainda que, a partir de determinado ponto, o consumo de cigarros deixa de ter relação com o livre-arbítrio do indivíduo, em razão da relação de dependência que surge em relação à nicotina. O consumidor se torna vulnerável, incapaz de lidar com o consumo da substância de maneira racional.[9]

Nesse cenário, não parece desejável esse potencial efeito colateral da ação ajuizada. Isto é, estar-se-ia viabilizando a exploração da dependência dos consumidores para que, em vez de as empresas rés internalizarem os custos da condenação, estes possam ser repassados àqueles consumidores, já incapazes de, por si sós, renunciar ao consumo de cigarros.

CONSIDERAÇÕES FINAIS

Na consultoria, no assessoramento jurídico, na representação judicial e extrajudicial dos Poderes, é inegável que a Advocacia Pública tem vocação para contribuir ativamente para o sucesso de políticas públicas, em termos de planejamento, implementação ou execução.

[9] "Portanto, a partir das evidências científicas, não são mais cabíveis as expressões de que 'fuma quem quer' e que os fumantes, mesmo prejudicando a si mesmo e aos outros (fumantes passivos), possam manter, em quaisquer circunstâncias, seu 'livre-arbítrio' preservado, pois o fumante, como dependente químico que é, não tem domínio e nem racionalidade quanto à sua dependência" (ASSOCIAÇÃO MÉDICA BRASILEIRA, 2013, p. 8).

A Ação Civil Pública n. 5030568-38.2019.4.04.7100, ajuizada pela Advocacia-Geral da União, insere-se nesse contexto, concretizando um compromisso assumido pelo Brasil quando da sua ratificação da Convenção-Quadro para o Controle do Tabaco, no sentido de promover a responsabilização civil e penal necessária ao controle da substância, inclusive no que tange à obtenção de compensações.

Por anos, empresas produtoras de cigarros atuaram deliberadamente para omitir, dissimular e gerar dúvida na sociedade civil e nos ambientes acadêmicos e científicos quanto ao real dano causado pelo consumo de produtos fumígenos. Paralelamente, insistiram em propagandas que advogavam a existência de produtos com menor impacto para a saúde, combateram regulações que conscientizassem a população quanto aos riscos do consumo de cigarros e manipularam seus produtos justamente para que estes reforçassem a dependência do usuário de cigarros, mantendo assim pujante sua atividade econômica.

Tais condutas podem ser vinculadas aos gastos do Sistema Único de Saúde com o tratamento de doenças relacionadas ao consumo de cigarro, de sorte que parece extremamente provável que tais empresas venham a ser condenadas a custear os respectivos tratamentos, feitos e a serem realizados, na forma postulada pela Advocacia-Geral da União – o que pode representar, efetivamente, contribuição da Advocacia Pública para a concretização do direito à saúde.

Há, no entanto, que se reconhecer também que a iniciativa não cuidou de observar o potencial repasse ao consumidor final dos custos a que as empresas venham a ser condenadas. Esse efeito colateral é provável, e parece indesejável, na medida em que na prática desonera as empresas da responsabilidade pecuniária por suas condutas, licitamente permitindo sua transferência ao consumidor vulnerável.

REFERÊNCIAS BIBLIOGRÁFICAS

ADVOCACIA-GERAL DA UNIÃO. *Petição inicial.* Ação Civil Pública n. 5030568-38.2019.4.04.7100. Porto Alegre: maio 2019. Disponível em: https://www.conjur.com.br/dl/inicial-acp-agu-cigarro.pdf. Acesso em: 15 set. 2019.

ASSOCIAÇÃO MÉDICA BRASILEIRA. *Projeto Diretrizes:* evidências científicas sobre tabagismo para subsídio ao Poder Judiciário. 2013. Disponível em: http://diretrizes.amb.org.br/_BibliotecaAntiga/tabagismo-para-subsidio-ao-poder-judiciario.pdf. Acesso em: 15 set. 2019.

BARROSO, Luís Roberto. Da falta de efetividade à judicialização excessiva: direito à saúde, fornecimento gratuito de medicamentos, e parâmetros para atuação judicial. *Revista Jurisprudência Mineira*, Belo Horizonte, ano 60, n. 188, p. 29-60, jan./mar. 2009.

BOEIRA, Sérgio; JOHNS, Paula. Indústria de Tabaco vs. Organização Mundial de Saúde: um confronto histórico entre redes sociais de stakeholders. *Revista Internacional Interdisciplinar INTERthesis*, Florianópolis, v. 4, n. 1, p. 1-25, abr. 2007. Disponível em: https://periodicos.ufsc.br/index.php/interthesis/article/view/895/10851. Acesso em: 16 set. 2019.

CYRINO, André Rodrigues. Advocacia pública. *In:* CAMPILONGO, Celso Fernandes; GONZAGA, Alvaro de Azevedo; FREIRE, André Luiz (coords.). *Enciclopédia jurídica da PUC-SP*. Tomo: Direito administrativo e constitucional. Coord. de tomo Vidal Serrano Nunes Jr., Maurício Zockun, Carolina Zancaner Zockun, André Luiz Freire. São Paulo: Pontifícia Universidade Católica de São Paulo, 2017. Disponível em: https://enciclopediajuridica.pucsp.br/verbete/25/edicao-1/advocacia-publica. Acesso em: 27 ago. 2019.

ESTADOS UNIDOS DA AMÉRICA. *Amended Final Opinion*. Ação Civil n. 99-2496 (GK). Columbia: ago. 2006. Disponível em: https://www.publichealthlawcenter.org/sites/default/files/resources/doj-final-opinion.pdf. Acesso em: 15 set. 2019.

ORGANIZAÇÃO MUNDIAL DA SAÚDE. *Convenção-Quadro para o Controle do Tabaco*. 21 maio 2003. Disponível em: http://www.planalto.gov.br/ccivil_03/_Ato2004-2006/2006/Decreto/D5658.htm. Acesso em: 15 set. 2019.

PEREZ, Cristina de Abreu; SILVA, Vera Luiza da Costa e; BIALOUS, Stella Aguinaga. Análise da interferência da indústria do tabaco na implantação das advertências sanitárias nos derivados de tabaco no Brasil. *Cad. Saúde Pública*, Rio de Janeiro, v. 33, supl. 3, e00120715, 2017. Disponível em: http://www.scielo.br/scielo.php?script=sci_arttext&pid=S0102-311X2017001505012&lng=en&nrm=iso. Acesso em: 16 set. 2019.

SARLET, Ingo Wolfgang; FIGUEIREDO, Mariana Filchtiner. Reserva do possível, mínimo existencial e direito à saúde. *Revista Brasileira de Direitos Fundamentais & Justiça*, v. 1, n. 1, p. 171-213, 25 mar. 2007.

SARLET, Ingo Wolfgang; MARINONI, Luiz Guilherme; MITIDIERO, Daniel. *Curso de direito constitucional*. 6. ed. São Paulo: Saraiva, 2017. Versão em PDF.

SOARES, Mário Lúcio Quintão. *Direitos fundamentais e direito da União Europeia em momento de tensão*. Belo Horizonte: Arraes, 2016.

SOARES, Mário Lúcio Quintão. *Teoria do Estado*. 5. ed. Belo Horizonte: Arraes, 2017.

Capítulo 4

Decisões do Supremo Tribunal Federal, reação legislativa e direitos fundamentais:

manifestação cultural *versus* meio ambiente equilibrado

Edmara de Abreu Leão

— SUMÁRIO —

INTRODUÇÃO

Nos termos do art. 102, § 2º, da Constituição, as decisões definitivas de mérito, proferidas pelo Supremo Tribunal Federal, nas ações diretas de inconstitucionalidade e nas ações declaratórias de constitucionalidade produzirão eficácia contra todos e efeito vinculante, relativamente aos demais órgãos do Poder Judiciário e à administração pública direta e indireta, nas esferas federal, estadual e municipal. Entre os efeitos da decisão em sede de controle de constitucionalidade, a Constituição não previu a vinculação do Poder Legislativo.

Ao julgar procedente o pedido formulado na Ação Direta de Inconstitucionalidade n. 4.983, o STF declarou a inconstitucionalidade da Lei n. 15.299/2013 do Estado do Ceará, que regulamentou a vaquejada como prática desportiva e cultural, por violação ao art. 225, § 1º, VII, da Constituição, que veda as práticas que submetam animais a crueldade.

Em resposta ao referido julgado, o Congresso Nacional aprovou a Lei n. 13.364/2016, que elevou o rodeio e a vaquejada, bem como as respectivas expressões artístico-culturais, à condição de manifestações da cultura nacional e de patrimônio cultural imaterial.

Ainda, promulgou a Emenda Constitucional n. 96/2017, que acrescentou o § 7º ao art. 225 da Constituição para determinar que práticas desportivas que utilizem animais não seriam consideradas cruéis, nas condições que especifica.

Tais reações legislativas, conhecidas como *overruling*, são admitidas pelo STF, sob pena de representarem "fossilização da Constituição" e ofensa ao princípio da separação dos Poderes.

Entretanto, tanto a Lei n. 13.364/2016 quanto a Emenda Constitucional n. 96/2017 foram objeto de Ações Diretas de Inconstitucionalidade (ADI 5.728/DF e ADI 5.772/DF) em que se discute a colisão entre dois direitos reconhecidamente constitucionais: direito à manifestação cultural *versus* direito à proteção ao meio ambiente e vedação de práticas que submetam os animais a crueldade.

Nesse "braço de ferro" sobre quem tem a última palavra e diante dessa tensão institucional, o direito a um meio ambiente equilibrado é um direito fundamental individual que deve prevalecer, de forma que não pode nem mesmo ser objeto de deliberação de proposta de emenda tendente a aboli-lo, nos termos do art. 60, § 4º, IV, da Constituição.

Sob referido enfoque, este artigo pretende abordar os efeitos da decisão do STF em sede de controle de constitucionalidade e a não vinculação do Legislativo a tais efeitos, as respostas legislativas às decisões do STF em controle de constitucionalidade, o direito à manifestação cultural e o direito a um meio ambiente equilibrado, por meio da proteção do meio ambiente e da vedação de práticas que submetam os animais a crueldade, como direito fundamental individual a serem observado.

A problemática que envolve essa pesquisa é: *em que pese o caráter não vinculante das decisões do STF proferidas no controle de constitucionalidade em relação ao Poder Legislativo, de que forma as reações legislativas a tais decisões devem observar o direito a um meio ambiente equilibrado em detrimento do direito à manifestação cultural?*

O presente estudo se justifica, tendo em vista que o direito a um meio ambiente equilibrado, manifestado por meio da proteção ao meio ambiente e da vedação de práticas que submetam os animais a crueldade, é reconhecido como direito fundamental individual, cláusula pétrea que não pode ser objeto de deliberação de emenda constitucional tendente a aboli-lo.

Dessa forma, o objetivo do artigo é demonstrar que as reações legislativas às decisões do STF proferidas em sede de controle de constitucionalidade devem observar os direitos fundamentais individuais já reconhecidos pelo STF.

1. DO JULGAMENTO DA ADI 4.983/CE

Em 6 de outubro de 2016, o Supremo Tribunal Federal, por maioria e nos termos do voto do Relator Ministro Marco Aurélio, julgou procedente o pedido formulado pela Procuradoria-Geral da República na Ação Direta de Inconstitucionalidade n. 4.983, para declarar a inconstitucionalidade da Lei n. 15.299, de 8 de janeiro de 2013, do Estado do Ceará, que regulamentou a vaquejada como prática desportiva e cultural.

Nos termos do voto do Ministro Relator Marco Aurélio, o fato de a vaquejada ser uma manifestação cultural não a torna imune ao contraste com outros valores constitucionais, como é o caso da vedação da crueldade como tutela autônoma dos animais.

Para o Relator, a Constituição de 1988, ao vedar práticas que submetam animais a crueldade, conforme o art. 255, § 1º, VII, não apenas reconheceu os animais como seres sencientes mas também reconheceu o interesse que eles têm de não sofrer. Logo, a tutela desse interesse não se daria, como uma interpretação restritiva poderia sugerir, tão somente para a proteção do meio ambiente, da fauna ou para a preservação das espécies. A proteção dos animais contra práticas cruéis, portanto, constituiria norma autônoma, com objeto e valor próprios.

Ao reconhecer que a vaquejada implica crueldade aos animais que participam do evento, o Ministro Marco Aurélio afastou a possibilidade de a vaquejada ser regulamentada pelo Poder Público de modo a evitar que os animais envolvidos sofressem. Ainda, o Ministro Relator não deixou de reconhecer que a vaquejada é uma atividade esportiva e cultural com importante repercussão econômica em muitos Estados, sobretudo os da região Nordeste do país, e lastimou o impacto que sua posição produziria sobre as pessoas e entidades dedicadas à atividade.

No entanto, destacou que tal sentimento não seria superior ao que experimentaria por permitir a continuação de uma prática que submetia animais a crueldade.

Assim, nos termos do voto do Relator, a Corte Suprema reconheceu a existência de colisão de normas constitucionais, pois estavam em conflito a proteção de manifestações culturais *versus* a vedação de crueldade contra animais, e declarou inconstitucional a lei cearense que regulamentou a vaquejada, nos seguintes termos:

> CONSTITUIÇÃO. AÇÃO DIRETA DE INCONSTITUCIONALIDADE. COLISÃO DE NORMAS CONSTITUCIONAIS: PROTEÇÃO DE MANIFESTAÇÕES CULTURAIS *VERSUS* VEDAÇÃO DE CRUELDADE CONTRA ANIMAIS.
>
> 1. A Constituição veda expressamente práticas que submetam animais a crueldade. O avanço do processo civilizatório e da ética animal elevou o resguardo dos seres sencientes (i.e., capazes de sentir dor) contra atos cruéis a um valor constitucional autônomo, a ser tutelado independentemente de haver consequências para o meio ambiente, para a função ecológica da fauna ou para a preservação das espécies.

> 2. A jurisprudência do Supremo Tribunal Federal nos casos de colisão entre as normas envolvendo, de um lado, a proteção de manifestações culturais (art. 215, *caput* e § 1º) e, de outro, a proteção dos animais contra o tratamento cruel (art. 225, § 1º, VII), tem sido firme no sentido de interditar manifestações culturais que importem crueldade contra animais. Nessa linha: RE 153.531, Rel. Min. Francisco Rezek. Rel. para o acórdão Min. Marco Aurélio, j. em 03.06.1997, DJ 13.03.1998; ADI 2.514, Rel. Min. Eros Grau, j. em 26.06.2005, DJ 02.12.2005; ADI 3.776, Rel. Min. Cezar Peluso, j. em 14.06.2007, DJe 28.06.2007; ADI 1.856, Rel. Min. Celso de Mello, j. em 26.05.2011, DJe 13.10.2011.
>
> 3. Na vaquejada, a torção brusca da cauda do animal em alta velocidade e sua derrubada, necessariamente com as quatro patas para cima como exige a regra, é inerentemente cruel e lesiva para o animal. Mesmo nas situações em que os danos físicos e mentais não sejam visíveis de imediato, a olho nu, há probabilidade de sequelas graves que se manifestam após o evento. De todo modo, a simples potencialidade relevante da lesão já é apta a deflagrar a incidência do princípio da precaução.
>
> 4. É permitida a regulamentação de manifestações culturais com características de entretenimento que envolvam animais, desde que ela seja capaz de evitar práticas cruéis, danos e riscos sérios. No caso da vaquejada, torna-se impossível a regulamentação de modo a evitar a crueldade sem a descaracterização da própria prática.
>
> 5. Pedido em ação direta de inconstitucionalidade julgado procedente para declarar inconstitucional lei estadual que regulamenta a vaquejada como prática esportiva e cultural.

Da referida decisão, foi interposto Agravo Regimental, não provido pelo tribunal, e, depois, Embargos de Declaração, aos quais foi negado provimento em 9 de maio de 2019.

2. RESPOSTAS DO CONGRESSO NACIONAL À DECISÃO DO STF NA ADI 4.983/CE

A par da decisão proferida em sede da ADI 4.983/CE, em 29 de novembro de 2016, o Congresso Nacional aprovou a Lei n. 13.364/2016, que alçou o rodeio e a vaquejada, bem como as respectivas expressões artístico-culturais decorrentes, à condição de manifestações da cultura nacional e de patrimônio cultural imaterial.

Em 6 de junho de 2017, foi promulgada pela Mesa do Congresso Nacional a Emenda Constitucional n. 96, que acrescentou o § 7º ao art. 225 da Constituição para determinar que práticas desportivas que utilizem animais não seriam consideradas cruéis, nas condições que especifica.

Pelo novo dispositivo constitucional, não são cruéis as práticas desportivas que utilizem animais, desde que sejam manifestações culturais, conforme o § 1º do art. 215 da Constituição, registradas como bem de natureza imaterial integrante do patrimônio cultural brasileiro, devendo ser regulamentadas por lei específica que assegure o bem-estar dos animais envolvidos.

Tanto a aprovação da Lei n. 13.364/2016 quanto a promulgação da Emenda Constitucional n. 96/2017 foram respostas do Legislativo à decisão do STF que julgou procedente a ADI 4.983/CE, na tentativa de revertê-la.

Segundo o art. 102, § 2º, da CF/88, as decisões definitivas de mérito, proferidas pelo Supremo Tribunal Federal, nas ações diretas de inconstitucionalidade e nas ações declaratórias de constitucionalidade produzirão eficácia contra todos e efeito vinculante, relativamente aos demais órgãos do Poder Judiciário e à administração pública direta e indireta, nas esferas federal, estadual e municipal.

Pelo referido dispositivo, percebe-se que o Poder Legislativo, em sua função típica de legislar, não se vincula à decisão do STF. Assim, como o Legislativo não se acorrenta aos ditames do julgado, poderá elaborar uma norma de conteúdo idêntico àquele censurado pelo STF.

Para Sarmento e Souza Neto (2012, p. 402-405), não é salutar atribuir a um único órgão qualquer a prerrogativa de dar a última palavra sobre o sentido da Constituição, sendo preferível adotar-se um modelo que não atribua a nenhuma instituição – nem do Judiciário, nem do Legislativo – o "direito de errar por último", abrindo-se a permanente possibilidade de correções recíprocas no campo da hermenêutica constitucional, com base na ideia de diálogo, em lugar da visão tradicional, que concede a última palavra nessa área ao STF.

Ou seja, as decisões do STF em matéria constitucional são insuscetíveis de invalidação pelas instâncias políticas, mas isso não impede que seja editada uma nova lei, com conteúdo similar ao daquela que foi declarada inconstitucional, sendo essa posição derivada do próprio texto constitucional, que não estendeu ao Legislativo o efeito vinculante das decisões proferidas pelo STF no controle de constitucionalidade, previsto no art. 102, § 2º, da Constituição.

Consoante Cavalcanti (2015), o Legislativo também deve ser considerado um intérprete autêntico da Constituição, e justamente por isso pode editar uma lei ou emenda constitucional tentando superar o entendimento anterior ou provocar um novo pronunciamento do STF a respeito de determinado tema, mesmo que a Corte já tenha decidido o assunto em sede de controle concentrado de constitucionalidade, dando o nome de "reação legislativa" ou "superação legislativa" a tal ação. Esta é considerada uma forma de "ativismo congressual" e tem o objetivo de reverter situações de autoritarismo judicial ou de comportamento antidialógico por parte do STF, estando, portanto, amparada no princípio da separação de poderes.

Logo, o ativismo congressual consistiria em uma participação mais efetiva e intensa do Congresso Nacional nos assuntos constitucionais.

Morais (2019, p. 173-174) define as reações do Legislativo em face das decisões do Judiciário como *overruling*, enfrentamentos entre justiça constitucional e outros poderes estatais que podem ser:

a) emendas constitucionais em ambiente por vezes crispado;
b) atos de desobediência dos restantes poderes não jurisdicionais ante decisões do Tribunal que estimulam como abusivas ou intrusivas;
c) ataques verbais duros na legitimação ou confiança institucional neste último órgão.

Para Fonteles (2019, p. 83-84), se o Legislativo estivesse eternamente proibido de elaborar um diploma idêntico ao censurado no passado, seria como se o antigo significado da Constituição ainda estivesse em vigor, ao bloquear a elaboração da norma invalidada, *ad aeternum*.

Tal fenômeno, denominado "fossilização da Constituição", é considerado indesejado pelo pensamento até então dominante no Brasil. Exatamente para evitar essa fossilização da Constituição, a decisão que invalida uma lei não proíbe o Legislativo de elaborá-la novamente, possibilitando que o Parlamento reaja diante do comportamento do Judiciário que fulminou sua obra.

Assim, observa-se que pode o legislador editar nova lei ou mesmo aprovar emenda constitucional com o mesmo conteúdo daquele que foi declarado inconstitucional pelo STF.

3. DA ADI 5.728/DF E DA ADI 5.772/DF EM FACE DA EMENDA CONSTITUCIONAL N. 96/2017 E O ENTENDIMENTO DO STF

Em 12 de junho de 2017, o Fórum Nacional de Proteção e Defesa Animal ajuizou a Ação Direta de Inconstitucionalidade n. 5.728, visando obter a declaração de inconstitucionalidade da Emenda Constitucional n. 96/2017, que considerou não cruéis as práticas desportivas que utilizem animais, desde que fossem manifestações culturais, sob a alegação de que a referida emenda afrontou o núcleo essencial do direito ao meio ambiente equilibrado, na modalidade da proibição de submissão de animais a tratamento cruel, previsto no art. 225, § 1º, VII, da Constituição, bem como o art. 60, § 4º, IV, que proíbe a deliberação a proposta de emenda tendente a abolir cláusulas pétreas, entre as quais se encontraria o direito fundamental de proteção aos animais.

De outra parte, em 12 de setembro de 2017, foi distribuída ao Ministro Luís Roberto Barroso a Ação Direta de Inconstitucionalidade n. 5.772, com pedido de liminar, tendo por objeto a declaração de inconstitucionalidade da Emenda Constitucional n. 96/2017, que admitiu que não fossem consideradas cruéis práticas desportivas que utilizassem animais, desde que consideradas manifestações culturais; da Lei Federal n. 13.364/2016, que elevou a prática de vaquejada à condição de patrimônio cultural imaterial; e da Lei Federal n. 10.220/2001, que considerou atleta profissional o peão que atuasse em vaquejadas.

Ao analisar as razões da ADI 5.728/DF e da ADI 5.772/DF com as disposições da EC 96/2017, verifica-se uma colisão entre dois direitos constitucionais. De um lado, o direito à manifestação cultural; do outro, a proteção ao meio ambiente.

O direito à manifestação cultural, consagrado no art. 215, § 1º, da Constituição, estabelece que o Estado garantirá a todos o pleno exercício dos direitos culturais e acesso às fontes da cultura nacional, e apoiará e incentivará a valorização e a difusão das manifestações culturais, protegendo as manifestações das culturas populares, indígenas e afro-brasileiras, e das de outros grupos participantes do processo civilizatório nacional.

Nesse sentido, a vaquejada, manifestação popular que remonta ao século XVII, estaria garantida constitucionalmente, e sua proibição concorreria para o enfraquecimento da cultura/tradições nordestinas.

Já a proteção ao meio ambiente e a vedação à prática de atividades cruéis aos animais estão previstas no art. 225, § 1º, VII, da Constituição.

A depender de como ocorre a reação legislativa, pela edição de nova lei ou aprovação de emenda constitucional, o STF possui entendimentos diversos acerca da inconstitucionalidade do ato normativo.

De acordo com o STF, na hipótese de reação legislativa ser veiculada por lei ordinária ou lei complementar, o diploma com idêntico teor ao censurado já nasce com uma presunção de inconstitucionalidade.

Conforme Fonteles (2019, p. 84), trata-se de única hipótese que excetua a regra de presunção *juris tantum* de constitucionalidade das leis.

De outro lado, quando a atuação legislativa se dá via emenda constitucional, a reação parece se revelar desde logo mais legítima, afinal se altera o próprio parâmetro de controle, ou seja, o critério de controle utilizado pela Corte para a interpretação constitucional. Nesse caso, a análise do STF limitar-se-á a aferir se a emenda vulnerou cláusulas pétreas; não havendo violação, promove-se uma alteração da interpretação constitucional, por meio da superação legislativa.

Sobre o assunto, o STF se manifestou na ADI 5.105/DF, julgada em 1º de outubro de 2015:

> 1. O hodierno marco teórico dos diálogos constitucionais repudia a adoção de concepções *juriscêntricas* no campo da hermenêutica constitucional, na medida em que preconiza, descritiva e normativamente, a inexistência de instituição detentora do monopólio do sentido e do alcance das disposições magnas, além de atrair a gramática constitucional para outros fóruns de discussão, que não as Cortes.
>
> 2. O princípio fundamental da separação de poderes, enquanto cânone constitucional interpretativo, reclama a pluralização dos intérpretes da Constituição, mediante a atuação coordenada entre os poderes estatais – Legislativo, Executivo e Judiciário – e os diversos segmentos da sociedade civil organizada, em um processo contínuo, ininterrupto e republicano, em que cada um destes *players* contribua, com suas capacidades específicas, no *embate dialógico*, no afã de avançar os rumos da empreitada constitucional e no aperfeiçoamento das instituições democráticas, sem se arvorarem como intérpretes únicos e exclusivos da Carta da República.
>
> 3. O desenho institucional erigido pelo constituinte de 1988, mercê de outorgar à Suprema Corte a tarefa da guarda precípua da Lei Fundamental, não erigiu um sistema de supremacia judicial em sentido material (ou definitiva), de maneira que seus pronunciamentos judiciais devem ser compreendidos como *última palavra provisória*, vinculando formalmente as partes do processo e finalizando uma rodada deliberativa acerca da temática, sem, em consequência, fossilizar o conteúdo constitucional.

> 4. Os efeitos vinculantes, ínsitos às decisões proferidas em sede de fiscalização abstrata de constitucionalidade, não atingem o Poder Legislativo, *ex vi* do art. 102, § 2º, e art. 103-A, ambos da Carta da República.
>
> 5. Consectariamente, a reversão legislativa da jurisprudência da Corte se revela legítima em linha de princípio, seja pela atuação do constituinte reformador (*i.e.*, promulgação de emendas constitucionais), seja por inovação do legislador infraconstitucional (*i.e.*, edição de leis ordinárias e complementares), circunstância que demanda providências distintas por parte deste Supremo Tribunal Federal.
>
> 5.1. A emenda constitucional corretiva da jurisprudência modifica formalmente o texto magno, bem como o fundamento de validade último da legislação ordinária, razão pela qual a sua invalidação deve ocorrer nas hipóteses de descumprimento do art. 60 da CRFB/88 (*i.e.*, limites formais, circunstanciais, temporais e materiais), encampando, neste particular, exegese estrita das cláusulas superconstitucionais.
>
> 5.2. A legislação infraconstitucional que colida frontalmente com a jurisprudência (leis *in your face*) nasce com presunção *iuris tantum* de *inconstitucionalidade*, de forma que caberá ao legislador ordinário o ônus de demonstrar, argumentativamente, que a *correção* do precedente faz-se necessária, ou, ainda, comprovar, lançando mão de novos argumentos, que as premissas fáticas e axiológicas sobre as quais se fundou o posicionamento jurisprudencial não mais subsistem, em exemplo acadêmico de *mutação constitucional pela via legislativa*. Nesse caso, a novel legislação se submete a um escrutínio de constitucionalidade mais rigoroso, nomeadamente quando o precedente superado amparar-se em cláusulas pétreas.

A análise da constitucionalidade de emendas constitucionais tem, pois, como dispositivo fundamental o art. 60, § 4º, da Constituição, o qual protege a forma federativa de Estado; o voto direto, secreto, universal e periódico; a separação dos Poderes; e os direitos e garantias individuais.

Por uma interpretação precipitada do art. 60, § 4º, IV, da Constituição, é possível considerar a expressão "direitos e garantias individuais" sinônimo de direitos essenciais titularizados pelo indivíduo, ao restringir as cláusulas pétreas apenas aos direitos fundamentais individuais, excluindo os direitos fundamentais de segunda e terceira dimensão positivados pela própria Constituição e pelos tratados de direitos humanos ratificados pelo Brasil (RAMOS, 2017, p. 455).

Não obstante, o art. 5º, § 2º, da Constituição expressamente dispõe que os direitos e garantias expressos constitucionalmente não excluem outros decorrentes do regime e dos princípios por ela adotados, ou dos tratados internacionais em que a República Federativa do Brasil seja parte.

Nesse contexto, a Declaração de Estocolmo sobre o Ambiente Humano, de junho de 1972, destaca a proteção e o melhoramento do meio ambiente humano como uma questão fundamental que afeta o bem-estar dos povos e o desenvolvimento econômico do mundo inteiro, refletindo em um desejo urgente dos povos de todo o mundo e em um dever de todos os governos.

Para Soares (2016, p. 88), os direitos fundamentais, antropologicamente, satisfazem exigências mutáveis do homem nos âmbitos individual (homem) e social (cidadão), bem ainda da existência do grupo (aspecto corporativo). Então, os direitos fundamentais circunscrevem a relação do homem e do cidadão com a comunidade política e dentro desta, ou seja, nos aspectos de sociedade e Estado.

Desse modo, na terceira dimensão dos direitos fundamentais é o próprio direito individual à vida que está em jogo, embora ele também seja tratado como um direito suscetível de ser lesado coletivamente, já que direitos como o direito ao meio ambiente e os direitos do consumidor são tipicamente transindividuais (ALARCÓN, 2004, p. 83).

Assim, o direito ao meio ambiente equilibrado seria um direito fundamental de terceira geração, inerentemente ligado ao direito à vida e à saúde, com *status* formal previsto no art. 225, *caput,* da CF e material de cláusula pétrea, porque tem conteúdo imprescindível à dignidade humana e dos próprios animais.

De outra parte, Belchior (2011, p. 100-103) identifica que, nas constituições modernas, como é o caso da do Brasil, o meio ambiente passa a ter uma dimensão objetiva, quando é tratado como fim e tarefa do Estado e da comunidade, e/ou subjetiva, quando assume a natureza de direito subjetivo individual.

No mesmo sentido, Medeiros (2004, p. 85) esclarece que, no Brasil, o direito fundamental ao meio ambiente, a exemplo das Constituições de Portugal e da Espanha, assume as dimensões objetiva e subjetiva, ora como elementos fundamentais da comunidade, mas também como direito subjetivo individual.

Existe, portanto, um direito fundamental à proteção do meio ambiente que se relaciona tanto aos seres humanos quanto aos animais.

E, a depender do paradigma utilizado, os animais podem ser considerados seres sensíveis ou sencientes, ou seja, sujeitos de direito, e, por essa condição, encontram proteção constitucional nos termos do art. 225, § 1º, VII, que proíbe toda e qualquer prática que os submeta a crueldade, e do art. 32 da Lei n. 9.605/98, que considera crime toda conduta que os maltrate.

Há, inclusive, o Projeto de Lei n. 27/2018, aprovado pelo Plenário do Senado em 7 de agosto de 2019, que estabeleceu que os animais possuem natureza jurídica *sui generis*, são sujeitos de direitos despersonificados, sendo reconhecidos como seres sencientes, ou seja, dotados de natureza biológica e emocional e passíveis de sofrimento.

Com base em tais considerações, é possível concluir que os maus-tratos aos animais por meio da vaquejada, constitucionalizados pela EC 96/2017 e permitidos pela Lei Federal n. 13.364/2016, são, em última análise, uma afronta ao direito a um meio ambiente equilibrado, considerado um direito fundamental, devendo tais disposições ser declaradas inconstitucionais.

Se a Corte Suprema mantiver seu entendimento já proferido por meio da ADI 4.983/CE, não só a Lei Federal n. 13.364/2016 como também a EC 96/2017 serão consideradas inconstitucionais, pois o fato de a vaquejada estar prevista na Constituição não faz com que deixe de existir a crueldade aos animais. Há, de qualquer forma, violação a uma cláusula pétrea que merece ser estancada por meio do reconhecimento de sua inconstitucionalidade.

CONSIDERAÇÕES FINAIS

Em sede controle de constitucionalidade das normas, as decisões do Supremo Tribunal Federal, a quem compete a interpretação das normas constitucionais, possuem caráter *erga omnes* e efeito vinculante em face dos demais órgãos do Poder Judiciário e da Administração Pública Federal, Estadual e Municipal, nos termos do art. 102, § 2º, da Constituição.

Todavia, isso não acontece em relação ao Legislativo, pois implicaria uma "fossilização da Constituição", bem como uma violação ao princípio da separação dos poderes.

Nessa linha de argumentação, pode o Legislativo editar lei ou emenda constitucional com conteúdo idêntico ao da norma declarada inconstitucional pela Corte Suprema, sem que isso represente ofensa à decisão judicial.

Trata-se de uma reação legislativa, também chamada de *overruling*, admitida, inclusive, pelo próprio STF.

Todavia, tais reações legislativas, ainda que admitidas como resposta ao caráter não vinculante das decisões do STF proferidas em sede de controle de constitucionalidade, não podem representar uma verdadeira "carta branca" do Legislativo a permitir a inobservância de direitos fundamentais individuais, uma vez que a Constituição veda proposta de emendas tendentes a aboli-los, conforme o disposto no art. 60, § 4º, IV.

REFERÊNCIAS BIBLIOGRÁFICAS

ALARCÓN, Pietro de Jésus Lora. *O patrimônio genético humano e sua proteção na Constituição Federal de 1988*. São Paulo: Método, 2004.

BELCHIOR, Germana Parente Neiva. *Hermenêutica jurídica ambiental*. São Paulo: Saraiva, 2011.

BRASIL. Lei Federal n. 9.605, de 12 de fevereiro de 1998. *Dispõe sobre as sanções penais e administrativas derivadas de condutas e atividades lesivas ao meio ambiente, e dá outras providências.* Disponível em: http://www.planalto.gov.br/ccivil_03/leis/L9605.htm. Acesso em: 20 maio 2020.

BRASIL. Lei Federal n. 10.220, de 11 de abril de 2001. *Institui normas gerais relativas à atividade de peão de rodeio, equiparando-o a atleta profissional.* Disponível em: http://www.planalto.gov.br/ccivil_03/leis/leis_2001/L10220.htm. Acesso em: 20 maio 2020.

BRASIL. Lei n. 13.364, de 29 de novembro de 2016. *Eleva o Rodeio e a Vaquejada, bem como as respectivas expressões artístico-culturais, à condição de manifestações da cultura nacional e de patrimônio cultural imaterial.* Disponível em: http://www.planalto.gov.br/ccivil_03/_ato2015-2018/2016/lei/L13364.htm. Acesso em: 20 maio 2020.

CAVALCANTI, Márcio André Lopes. *Superação legislativa da jurisprudência e ativismo congressual.* 19 de outubro de 2015. Disponível em: https://www.dizerodireito.com.br/2015/10/superacao-legislativa-da-jurisprudencia.html. Acesso em: 20 maio 2020.

CEARÁ. Lei n. 15.299, de 8 de janeiro de 2013. *Regulamenta a vaquejada como prática desportiva e cultural no Estado do Ceará.* Disponível em: https://www.al.ce.gov.br/legislativo/legislacao5/leis2013/15299.htm. Acesso em: 20 maio 2020.

FONTELES, Samuel Sales. *Direito e "backlash".* Salvador: Juspodivm, 2019.

MEDEIROS, Fernanda Luiza Fontoura de. *Meio ambiente*: direito e dever fundamental. Porto Alegre: Livraria do Advogado, 2004.

MORAIS, Carlos Blanco. A justiça constitucional e as suas relações de tensão com os demais poderes do Estado. *In*: MARINONI, Luiz Guilherme; SARLET, Ingo W. (coord.). *Processo constitucional.* São Paulo: Thomson Reuters Brasil, 2019.

ONU. *Declaração da Conferência da ONU sobre o Meio Ambiente.* Estocolmo, 1972. Disponível em: https://nacoesunidas.org/acao/meio-ambiente. Acesso em: 20 maio 2020.

RAMOS, André de Carvalho. *Curso de direitos humanos.* 4. ed. São Paulo: Saraiva, 2017.

SARMENTO, Daniel; SOUZA NETO, Cláudio Pereira de. *Direito constitucional:* teoria, história e métodos de trabalho. Belo Horizonte: Fórum, 2012.

SENADO FEDERAL. Projeto de Lei da Câmara n. 27, de 2018. *Acrescenta dispositivo à Lei n. 9.605, de 12 de fevereiro de 1998, para dispor sobre a natureza jurídica dos animais não humanos.* Disponível em: https://www25.senado.leg.br/web/atividade/materias/-/materia/133167. Acesso em: 20 maio 2020.

SOARES, Mário Lúcio Quintão. *Direitos fundamentais e direito da União Europeia em momento de tensão.* Belo Horizonte: Arraes, 2016.

SUPREMO TRIBUNAL FEDERAL – STF. *Ação Direta de Inconstitucionalidade n. 5.105/DF,* julgada em 01.10.2015. Disponível em: http://redir.stf.jus.br/paginadorpub/paginador.jsp?docTP=TP&docID=10499116. Acesso em: 20 maio 2020.

SUPREMO TRIBUNAL FEDERAL – STF. *Ação Direta de Inconstitucionalidade n. 4.983/CE,* julgada em 06.10.2016. Disponível em: http://redir.stf.jus.br/paginadorpub/paginador.jsp?docTP=TP&docID=12798874. Acesso em: 20 maio 2020.

SUPREMO TRIBUNAL FEDERAL – STF. *Ação Direta de Inconstitucionalidade n. 5.728/DF,* distribuída em 13.06.2017. Disponível em: http://portal.stf.jus.br/processos/detalhe.asp?incidente=5208901. Acesso em: 20 maio 2020.

SUPREMO TRIBUNAL FEDERAL – STF. *Ação Direta de Inconstitucionalidade n. 5.772/DF,* distribuída em 12.09.2017. Disponível em: http://portal.stf.jus.br/processos/detalhe.asp?incidente=5259991. Acesso em: 20 maio 2020.

Capítulo 5

O princípio da igualdade e sua eficácia como direito fundamental em sociedade democrática

Alberto Bezerra de Melo
Mário Lúcio Quintão Soares

SUMÁRIO

1. INTRODUÇÃO

O objeto deste artigo é o enfoque histórico e jurídico sobre a eficácia do princípio da igualdade.

Inicialmente, será feita breve abordagem histórica sobre o surgimento do princípio da igualdade, perpassando pela disseminação dessa ideia pelas declarações clássicas de Direitos, tais como a do Bom Povo de Virgínia, de 12 de junho de 1776, que em seu § 1º reconhece a igualdade entre todos os seres humanos, e pela Declaração de Independência dos Estados Unidos, de 1776, que proclama a igualdade entre os homens, e posteriormente sua adoção como legado da Revolução Francesa, conforme se constata no art. 1º da Declaração dos Direitos do Homem e do Cidadão de 1789.

O princípio da igualdade, de forma explícita, além de consagrado na Declaração Universal dos Direitos Humanos, foi recepcionado por várias constituições, dentre as quais a brasileira, especificamente em seu art. 5º, *caput*, e no preâmbulo. É considerado uma norma supraconstitucional (direito e garantia), à qual todas as demais normas devem obediência.[1]

Ainda, neste artigo, serão abordadas as espécies de isonomia, a concretização, o entendimento doutrinário acerca da eficácia do princípio, no contexto geral, e de forma específica nas relações jurídicas privadas.

1. AS DECLARAÇÕES DE DIREITOS E O PRINCÍPIO DA IGUALDADE

As declarações de direitos, proclamadas pelas colônias americanas, mostram a evolução da consciência política moderna a respeito das formulações das *libertates* do medievo, sendo mérito da Inglaterra ter sabido custodiá-las, acrescentá-las e renová-las (PÉREZ LUÑO, 1986, p. 114).

Com as *Bills of Rights* americanas tem início novo ciclo no processo de positivação dos direitos fundamentais. Nelas são positivados os princípios básicos da ideologia jusnaturalista, com suas conotações individualistas e liberais, tornando-se premissas da Constituição norte-americana.

Estas declarações incorporaram-se à história do constitucionalismo, absorvendo direitos fundamentais inseridos em outros documentos e refletindo o gradativo processo de independência dos Estados Unidos:

a) Direito ao devido processo legal – Lei para Liberdades do Povo de Maryland (1639).

---

1 Estabelece o *caput* do art. 5º da Constituição: "Todos são iguais perante a lei, sem distinção de qualquer natureza, garantindo-se aos brasileiros e aos estrangeiros residentes no País a inviolabilidade do direito à vida, à igualdade, à segurança e à propriedade, nos termos seguintes: [...]".

b) Liberdade de petição e de expressão em reuniões públicas, direito a julgamento por júri e o direito de só ser desapropriado mediante justa indenização – Corpo de Liberdades de Massachusetts (1641).
c) Liberdade de religião – Carta de Rhode Island (1663).
d) Direito a um julgamento público – Concessões de New Jersey Ocidental (1677).
e) Igualdade entre todos os seres humanos – Declaração de Direitos do Bom Povo de Virgínia, de 12 de junho de 1776, em seu § 1º.[2]
f) Liberdade de não soldados aquartelados em casas particulares – Cartas de liberdades de New York (1683).
g) Direito a testemunhas e defesa eficaz – Carta de Privilégios da Pensilvânia (1702).

O princípio da igualdade perante a lei, de matiz jusnaturalista, foi sedimentado a partir do constitucionalismo, com a finalidade de limitar o poder estatal, baseado na crença da existência de direitos naturais e inerentes ao homem.

Em 1776, a Declaração de Independência dos Estados Unidos ressaltou expressamente a igualdade entre os homens:

> Consideramos as seguintes verdades como autoevidentes, a saber, que todos os homens são criaturas iguais, dotadas pelo seu Criador de certos direitos inalienáveis, entre os quais a vida, a liberdade e a busca da felicidade. É para assegurar esses direitos que os governos são instituídos entre os homens, sendo seus justos poderes derivados do consentimento dos governados.

---

2 Todos os seres humanos são, pela sua natureza, igualmente livres e independentes, e possuem certos direitos inatos, dos quais, ao entrarem no estado de sociedade, não podem, por nenhum tipo de pacto, privar ou despojar sua posteridade; nomeadamente, a fruição da vida e da liberdade, com os meios de adquirir e possuir a propriedade de bens, bem como de procurar e obter a felicidade e a segurança.

A igualdade perante a lei, consoante o liberalismo, constituiu-se em um dos ideais da Revolução Francesa, entronizado no art. 1º da Declaração dos Direitos do Homem e do Cidadão de 1789: "os homens nascem e permanecem livres e iguais em direito".

Houve profunda transformação jurídica e institucional com o advento das declarações de direitos do Estado social ou Estado constitucional da democracia pluralística, exigindo reformulação da teoria constitucional da liberdade individual, em busca da igualdade material.

O princípio da liberdade natural e abstrata, suscetível de concretização jurídica pelo legislador ordinário e atrelado ao binômio liberdade-propriedade, é substituído pelo princípio da liberdade limitada, ao constitucionalizar o princípio da dignidade humana como premissa da liberdade.

O intervencionismo estatal torna-se inevitável para proteger, promover e desenvolver o mercado com sua nova dimensão internacional, bem ainda para poder satisfazer as reivindicações econômicas, sociais e culturais da nova perspectiva do capitalismo.

O nascimento do conceito de justiça social e a necessidade de intervencionismo estatal resultam no reconhecimento constitucional e na otimização da formulação dos limites no exercício dos direitos fundamentais.

As formulações abstratas e vagas do Estado liberal de direito cedem lugar ao reconhecimento de direitos concretos dos indivíduos e à ampliação dos direitos civis clássicos: direitos coletivos, sociais, econômicos, ao trabalho, à seguridade social, à greve, à educação, à cultura, à saúde, ao lazer, dentre outros.

Para Sarlet (1998, p. 86), o princípio da igualdade assenta-se no princípio da dignidade da pessoa humana, recepcionado pela Declaração Universal da ONU, que consagrou a perspectiva, recepcionada pelas constituições democráticas, de que todos os seres humanos são iguais em dignidade e direitos.

Nessa linha de argumentação, apresenta-se como pressuposto essencial para o respeito da dignidade da pessoa humana a garantia da isonomia de todos os seres humanos, que não podem ser submetidos a tratamento discriminatório e arbitrário, pelo que devem ser vedadas a escravidão, a discriminação racial, bem como perseguições por motivo de religião, ideologia e gênero.

2. DISTINÇÃO ENTRE IGUALDADE FORMAL E MATERIAL

Preceitua o art. 5º da Constituição brasileira a igualdade de todos perante a lei. Trata-se da igualdade formal, que se enquadra como pura identidade de direitos e deveres entre os membros de uma sociedade democrática.

Não obstante, esse preceito não se esgota na aplicação uniforme da norma jurídica, pelo que afeta o legislador ordinário, proibindo a concessão de qualquer privilégio.

Na concepção de Martínez (1992, p. 90), "a ideia de igualdade serve para determinar, razoavelmente e não arbitrariamente, que grau de desigualdade jurídica de trato entre dois ou mais sujeitos é tolerável. A igualdade é um critério que mede o grau de desigualdade juridicamente admissível".

Entretanto, em qualquer sociedade humana existem desigualdades, pelo que, mediante as conquistas constitucionais, aspira-se à igualdade real ou material que busque realizar a igualização das condições desiguais (SILVA, 2011, p. 120).

A igualdade material é concebida como um tratamento isonômico e uniformizado de todos os seres humanos, segundo o qual deve haver o respeito às possibilidades de concessão de oportunidades, as quais devem ser oferecidas, de forma igualitária, para todos os cidadãos.

A igualdade real visa à equiparação dos cidadãos sob todos os aspectos, inclusive o jurídico, podendo-se afirmar: "Todos os homens, no que diz respeito ao gozo e fruição de direitos, assim como à sujeição a deveres".

3. A CONCRETIZAÇÃO DO PRINCÍPIO DA IGUALDADE

Durante o século XIX, à medida que o processo de industrialização se desenvolveu, os segmentos marginalizados dentro do

Estado liberal começaram a reivindicar como melhoria das condições de vida da classe trabalhadora:

a) os direitos à liberdade e à igualdade real;

b) o reconhecimento e a garantia pelo Estado de direitos socioeconômicos;

c) a ampliação de seus direitos políticos, abrangendo o sufrágio universal e os direitos sindicais.

Enfim, buscava-se limitar tanto o poder do Estado quanto o poder do capital. No século XIX, os esquemas de Estado jurídico puro, caracterizados pelo logicismo abstrato, revelaram-se insatisfatórios para superar as transformações sociais.

As leis editadas pelo Estado liberal tomaram os indivíduos em abstrato, desvinculando-os de sua classe, concedendo-lhes igualdade formal e desconhecendo suas reais diferenças sociais.

Com o advento do Estado social, o princípio da igualdade deixou de ser formal, tornando-se material, com o objetivo de expurgar privilégios injustificados e de diminuir os efeitos decorrentes das desigualdades evidenciadas diante do caso concreto.

Para Mangabeira, a igualdade perante a lei não basta para resolver as contradições criadas pela produção capitalista. O essencial seria o Estado possibilitar mediante políticas públicas adequadas a igual oportunidade para a consecução dos objetivos da pessoa humana.

> E para igual oportunidade é preciso igual condição. Igual oportunidade e igual condição entre homens desiguais pela capacidade pessoal de ação e direção. Porque a igualdade social não importa nem pressupõe um nivelamento entre homens naturalmente desiguais. O que Lea estabelece é a supressão das desigualdades artificiais criadas pelos privilégios da riqueza, numa sociedade em que o trabalho é social, e consequentemente social a produção, mas o lucro é individual e pertence exclusivamente a alguns (UNGER, Roberto Mangabeira, *Democracia realizada, alternativa progressista,* São Paulo, Editora Boi Tempo, 1989, p. 46).

O próprio Kelsen percebia que a igualdade dos indivíduos sujeitos à ordem pública, garantida constitucionalmente não significa que eles devem ser tratados por forma igual nas normas legisladas com fundamento na Constituição. Kelsen considerava absurdo impor os mesmos deveres e conferir os mesmos direitos a todos os indivíduos, sem fazer quaisquer distinções (2000, p. 45).

Na transição do Estado liberal para o Estado social de direito ocorreu significativa mutação na normativa constitucional, que repercutiu em sua interpretação.

Buscou-se a superação dos direitos públicos subjetivos, de índole individualista, por meio dos direitos fundamentais, abrangendo, além das liberdades tradicionais (pessoais, civis e políticas), os direitos econômicos, sociais e culturais.

Em consequência dessa superação, alterou-se a fundamentação dos direitos constitucionais, ampliando-se a tutela aos interesses sociais e coletivos; bem ainda, os direitos fundamentais deixaram de ser meros direitos de defesa ante o Estado para transformar-se em direito de participação do cidadão e de prestações do Estado.

Tais modificações diluíram a rígida distinção entre a parte dogmática e a parte orgânica dos textos constitucionais, pois participação e prestações não podiam ser interpretadas no âmbito de regras que enclausuravam a organização e o funcionamento dos poderes públicos.

A fixação dos direitos fundamentais nos textos constitucionais deixou de ser casuística. Os direitos fundamentais emergiram como valores ou princípios essenciais do sistema jurídico-político.

No entendimento de Canotilho, há proibição do arbítrio no Estado constitucional, ou seja: o princípio da igualdade é violado quando a desigualdade de tratamento surge como arbitrária. Esta se manifesta quando a disciplina jurídica não se baseia em fundamento sério; não tem um sentido legítimo; ou estabelece diferenciação jurídica sem um fundamento razoável.

No mesmo sentido, Bandeira de Mello esclarece que o princípio da isonomia, que se reveste de autoaplicabilidade, não é, enquanto postulado fundamental da ordem político-jurídica, suscetível de regulamentação ou de complementação normativa.

Entretanto, há exceções ao princípio da igualdade na Constituição brasileira:

a) imunidades parlamentares;
b) prerrogativas de foro *ratione muneris* em benefício de determinados agentes políticos;
c) exclusividade do exercício de determinados cargos públicos somente a brasileiros natos;
d) acessibilidade de cargos públicos somente a brasileiros, excluídos os estrangeiros;
e) vedação da alistabilidade eleitoral a determinadas pessoas.

O próprio STF admite exceções ao princípio da igualdade sob o fundamento de que "a igualdade perante a lei que a Constituição Federal assegura aos brasileiros e estrangeiros residentes no país, não compreende a União e as demais pessoas de direito público, em cujo favor pode a lei conceder privilégios impostos pelo interesse público sem lesão a garantia constitucional".

Doutrinariamente, admite-se que o princípio da isonomia, de forma implícita, autoriza o Estado a realizar tratamento desigual desde que o faça justificadamente.

Para Bandeira de Mello, o reconhecimento das diferenças, que não podem ser feitas sem quebra da isonomia, divide-se em três questões:

a) a primeira refere-se ao elemento tomado como fator de desigualação (fator de discrímen);
b) a segunda reporta-se à correlação lógica abstrata existente entre o fator erigido em critério de discrímen e a disparidade estabelecida no tratamento jurídico diversificado;
c) a terceira atrela-se à consonância dessa correlação lógica com os interesses absorvidos no sistema constitucional e destarte juridicizados.

Ou seja, para que a norma jurídica não viole o princípio da igualdade, faz-se necessário que obedeça aos seguintes elementos:

a) o fator de discrímen, em hipótese alguma, venha atingir, de maneira absoluta e atual, um só indivíduo;
b) deverão ser distintas entre si as pessoas nas situações que sofrerem a discriminação, não podendo a lei discriminar quanto a qualquer elemento exterior a elas;
c) deverá existir um nexo lógico entre o fator de discrímen e a própria discriminação de regime jurídico em função deles estabelecido;
d) que esse vínculo de correlação seja pertinente em função dos interesses constitucionalmente protegidos, visando ao bem público, à luz do texto constitucional.

O texto consignado no art. 5º da Constituição, ao não especificar quais os critérios vedados, determina que o caráter inconstitucional da discriminação não repousa tão somente no critério escolhido, mas na falta de correlação lógica entre aquele critério e uma finalidade ou valor encampado quer expressa ou implicitamente no ordenamento jurídico, quer ainda na consciência coletiva.

4. A EFICÁCIA DO PRINCÍPIO DA IGUALDADE NAS RELAÇÕES JURÍDICAS PRIVADAS

Segundo Rodríguez-Cano, a eficácia do princípio da igualdade no âmbito jurídico privado é muito menor do que perante os poderes públicos.

Demonstra-se inerente ao próprio conceito de autonomia privada o predomínio da vontade individual sobre a igualdade: contrata-se com quem se quer e como se quer, dispõe-se em testamento a favor de quem se quer e como se quer, doa-se a quem se quer e como se quer, associa-se se com quem se quer e para o que se quer, constitui-se uma fundação para o que se quer com a dotação que se quer, exercem-se direitos em face de quem se quer, naturalmente todos eles dentro dos limites marcados pelas normas imperativas (RODRÍGUEZ-CANO, 1990, 424).[4]

Para Díaz de Valdés, o respeito e a proteção à vida privada assegura um espaço de intimidade às pessoas para que possam desenvolver as relações humanas mais fundamentais, além de adotar com a maior liberdade possível suas decisões autônomas. Uma proibição de discriminação entre particulares, sem embargo, afetaria severamente essa liberdade de decisão. E mais: uma proibição absoluta resulta impensável, pois destruiria o direito em questão.

Basta, para imaginar que não se poderia discriminar na eleição do cônjuge: toda pessoa requer a mais absoluta liberdade nessa matéria, por mais curiosos ou repudiáveis que nos pareçam seus motivos para eleger (DÍAZ DE VALDÉS, 2014, p. 161).[5]

Nessa linha de argumentação, torna-se difícil admitir que um particular possa deixar de exercer sua liberdade de crença e religião, sua privacidade ou intimidade para aplicar o princípio da igualdade em uma relação jurídica estritamente privada, prejudicando o direito de livremente desenvolver sua personalidade.

Destaque-se também que a eficácia do princípio da igualdade nas relações jurídicas entre particulares deve atender a certas restrições estabelecidas pelo ordenamento jurídico e direcionadas exclusivamente para a área privada.

Montoya Melgar considera que não se pode sacrificar a todo custo o princípio da liberdade contratual, que compreende a liberdade de contratar ou não, de eleger o contratante e de determinar o conteúdo do contrato.

A aplicabilidade do princípio da igualdade deve ser matizada, atenuada pela lógica interna do direito privado. Há que entender-se, portanto, que em virtude do princípio da autonomia da vontade as partes implicadas são livres para gerir seus próprios interesses e regular suas relações, sem imposições externas, salvo nos seguintes casos: quando exista uma posição monopolística ou dominante de uma entidade; nos casos de contratação em massa ou contratos de repercussão social, e nos casos em que se possa produzir uma afetação ao núcleo essencial da dignidade ou integridade moral da pessoa discriminada.

Ademais, o princípio da igualdade se impõe sempre que exista um componente público: prestação de serviços de interesse público (MONTOYA MELGAR, 2007, p. 474-475).

Sarmento salienta que, realmente, há certas ações humanas que envolvem apenas escolhas de caráter existencial, e, nesse âmbito, a liberdade de agir deve ser protegida mais intensamente pela ordem jurídica.

Outros comportamentos referem-se exclusivamente a questões patrimoniais e econômicas, e nesses casos a tutela constitucional à autonomia privada não deve se fazer tão forte. Porém, entre extremos, há um *continuum* de situações em que o comportamento humano envolve, simultaneamente, aspectos patrimoniais e existenciais, em maior ou menor grau.

Nesses casos, o nível de proteção constitucional conferido à ação do agente vai depender da posição dentro daquela escala: quanto mais o comportamento se aproximar da esfera das opções e valorações exclusivamente existenciais, maior será o nível de defesa constitucional da autonomia privada; quanto mais se afastar desse âmbito e se aproximar do universo exclusivamente econômico-patrimonial, menor será a tutela (SARMENTO, 2008, p. 180).

CONCLUSÃO

A caracterização da violação ao princípio da igualdade deve ser criteriosamente analisada à luz do caso concreto.

Os critérios apriorísticos listados apenas limitam-se a tracejar os indícios de potencial agressão, a qual se evidenciará ou não após uma efetiva avaliação do trato legal escolhido e sua repercussão perante o ordenamento constitucional, sendo, portanto, de relevante importância a atividade a ser desempenhada pelo intérprete da lei questionada.

A eventual violação desse direito fundamental pelo legislador ordinário irá gerar o vício de inconstitucionalidade.

Pode-se conferir que a igualdade não é apenas um princípio de Estado Liberal de Direito, mas também um princípio de Estado

Social de Direito; consiste em um dos mais importantes princípios constitucionais, com o caráter informador de todo o ordenamento jurídico.

Com todo esse aparato constitucional, é evidente que esse princípio tem plena eficácia e, na prática, deve ser cumprido, sob pena de inconstitucionalidade, cabendo ao Judiciário o dever de guardião de sua aplicabilidade.

Na interpretação desse princípio, deve ser analisado cada caso concreto. Aprioristicamente, deve ser considerada, de um lado, a existência de desigualdades; e, de outro, as injustiças causadas por tal situação, de forma a buscar a igualização.

Além de seu caráter formal, a finalidade desse dispositivo constitucional é proporcionar a busca da igualdade material, considerando as particularidades que desigualam os indivíduos.

Tal princípio é uma norma voltada para o legislador, intérprete, aplicador da lei, perante os escopos sociais e políticos, com grau de relevância de igualdade de oportunidades e de condições reais de vida.

REFERÊNCIAS BIBLIOGRÁFICAS

ARISTÓTELES. *Ética a Nicômaco.* Abril Cultural, 1979 (Os Pensadores).

BELMONTE, Alexandre Agra. Mútuo consentimento como condição da ação no dissídio coletivo. *Revista LTr*, São Paulo, v. 71, n. 6, p. 681-684, jun. 2007.

BERCOVITZ RODRÍGUEZ-CANO, Rodrigo. Principio de igualdad y derecho privado. *Anuario de Derecho Civil*, p. 369-427, 1990.

CANOTILHO, J. J. Gomes. *Constituição dirigente e vinculação do legislador*. Coimbra: Lisboa, 1982.

CANOTILHO, J. J. Gomes. *Direito constitucional.* 6. edição. Coimbra: Almedina, 1993; 7. ed. 2003.

CANOTILHO, José Joaquim Gomes. *Direito constitucional e teoria da Constituição.* 3. ed. Coimbra: Almedina, 1998.

CANOTILHO, J. J. Gomes; MOREIRA, Vital. *Fundamentos da Constituição.* Coimbra: Coimbra Ed., 1991.

DECLARAÇÃO de Direitos do Homem e do Cidadão. França, 1789. Disponível em: http://www.eselx.ipl.pt/ciencias-sociais/tratados/1789homem.htm. Acesso em: 10 de maio de 2014.

DÍAZ DE VALDÉS, JOSÉ MANUEL. La prohibición de una discriminación arbitraria entre privados. *Revista de Derecho de la Pontificia Universidad Católica de Valparaíso*, XLII, p. 149-186, primer semestre de 2014.

HARVEY, David; MARICATO, Ermínia; ZIZEK, Slajov; DAVIS, Mike, *et al. Cidades rebeldes:* passe livre e as manifestações que tomaram as ruas do Brasil. São Paulo: Boitempo, 2013.

KELSEN, Hans. *A democracia.* São Paulo: Martins Fontes, 2000.

MARTÍNEZ DALMAU, Rubén; VICIANO PASTOR, Roberto. Aspectos generales del nuevo constitucionalismo latinoamericano. *In*: *El nuevo constitucionalismo en América Latina:* memorias del encuentro internacional el nuevo constitucionalismo, 1993.

MELLO, Celso Antonio Bandeira de. *Curso de direito administrativo.* 26. ed. São Paulo: Malheiros, 2009.

MONTOYA MELGAR, Alfredo; SÁNCHEZ-URAN AZAÑA, Yolanda (coord.). *Igualdad de mujeres y hombres*: comentario a la Ley orgánica 3/2007, de 22 de marzo, para la igualdad efectiva de mujeres y hombres. Cizur Menor, Thomson Civitas, 2007.

NUNES, Luiz Antônio Rizzatto. *Manual de filosofia do direito.* São Paulo: Saraiva, 2004.

PÉREZ LUÑO, Antonio Enrique. *Derecho humanos, Estado de Derecho y constitución.* 2. ed. Madrid: Tecnos, 1986.

PÉREZ LUÑO, Antonio Enrique. *Los derechos fundamentales.* Madrid: Tecnos, 1988.

SARLET, Ingo Wolfgang. *A Constituição concretizada*: construindo pontes entre o público e o privado. Porto Alegre: Livraria do Advogado, 2000.

SARMENTO, Daniel Antonio de Moraes. *Direitos fundamentais e relações privadas.* 2. ed. Rio de Janeiro: Renovar, 2008.

SILVA, José Afonso da. A dignidade da pessoa humana como valor supremo da democracia. *Revista de Direito Administrativo*, Rio de Janeiro, 1998. p. 74.

SILVA, José Afonso da. *Curso de direito constitucional positivo.* 34. ed. São Paulo: Malheiros, 2011.

SILVA, José Afonso. Tribunais constitucionais e jurisdição constitucional. *Revista Brasileira de Estudos Políticos*, p. 60-61, jan./jul. 1985.

SOARES, Mário Lúcio Quintão. *Direitos fundamentais e direito da União Europeia em momento de tensão.* Belo Horizonte: Arraes, 2016.

SOARES, Mário Lúcio Quintão. *Teoria do Estado.* 5. ed. Belo Horizonte: Arraes, 2017.

Capítulo 6

Violação dos direitos fundamentais no cárcere

Roberta Karina Cabral Kanzler
Fabiano da Silveira Pignata

SUMÁRIO

INTRODUÇÃO

A vida penitenciária implica necessariamente limitações, porém estas não deverão, em nenhum caso, privar o recluso de seus direitos fundamentais como ser humano.

O sistema penitenciário tem, como nunca antes, repercussão midiática perante a sociedade. Os altos números de encarceramento fazem do Brasil um dos países com a maior população carcerária no mundo.

Nesse diapasão, em face de uma inadequada política penitenciária nacional, as mazelas e as dificuldades do cárcere extrapolam o ambiente penitenciário, expondo um caos já instalado. Propostas descabidas de alterações nesse universo intrigante, alimentadas pelo senso comum manipulador, prejudicam a situação dos estabelecimentos prisionais.

O objetivo deste artigo é abordar a atual condição do indivíduo encarcerado no sistema prisional, ou seja, analisar se existe ofensa aos direitos humanos do preso.

O sistema penitenciário brasileiro necessita urgentemente de uma reestruturação, pois os direitos humanos dos presidiários são constantemente violados, principalmente no que concerne à superlotação, aos crimes de tortura, aos ambientes insalubres, dentre outras.

Nesse sentido, faz-se necessário compreender a forma como o sistema penitenciário se organizou no decorrer do processo histórico. E qual papel deve ser desempenhado pelos Conselhos de Direitos Humanos, em sociedade democrática, para assegurar os direitos básicos dos encarcerados?

A partir do momento em que o preso passa à tutela do Estado, ele não perde apenas o direito de liberdade, mas também todos os outros direitos fundamentais que não foram atingidos pela sentença, submetendo-se a um tratamento execrável e a sofrer os mais variados tipos de castigos, que acarretam a degradação de sua personalidade e a perda de sua dignidade, em processo que não oferece quaisquer condições de preparar seu retorno útil à sociedade.

Para Assis (Apud ASSIS, 2007, p. 75), na prisão, dentre várias outras garantias que são desrespeitadas, o preso sofre principalmente com a prática de torturas e agressões físicas. Essas agressões geralmente partem tanto dos outros presos como dos próprios agentes da administração prisional.[1]

---

1 "Na opinião de quem escreve, a nova Penologia, ou melhor dizendo, a Penologia futura não consistirá na multiplicação de programas ou serviços especiais ou em tratamento dos reclusos como se se tratassem de enfermos. Ela consistirá, fundamentalmente, em tratá-los, dentro do possível, como a qualquer outra pessoa. A vida penitenciária implica necessariamente limitações, porém elas não deverão, em nenhum caso, privar o recluso de seus direitos fundamentais como ser humano. Portanto, se a Penologia quer obter a reabilitação dos reclusos, com menos gastos e menos exposições teóricas, um dos primeiros passos na boa direção será a assimilação do trabalho penitenciário ao trabalho livre" segundo Manuel Lopez-Rey Arrojo.

1. A AFIRMAÇÃO DOS DIREITOS HUMANOS

Os direitos humanos acompanham o processo histórico da humanidade, demarcado por avanços e retrocessos constantes, impulsionados por dores e sofrimentos do homem na busca de dignidade, que, embora tenham começado com fatos isolados, tomaram uma proporção global.[2]

Segundo Kant (1985, p. 37-42), a condição para sua efetivação requer uma época da história em que a violação do direito ocorrida em um ponto da Terra virá a ser sentida em todos os demais pontos, ou seja, não há como desvincular a natureza universal de tais direitos entre os povos, pois o princípio da dignidade da pessoa humana alcança a todos.[3]

Não obstante, na relação existente entre o dever-ser das normas e o ser da realidade na qual incidem os direitos humanos surge uma celeuma, principalmente no sistema internacional, no qual o poder, que torna o direito realizável, está distribuído individual e desigualmente entre seus protagonistas.

Essas dificuldades se agudizam ao esbarrar nas soberanias tradicionais ao representar uma intrusiva ação no campo dos valores ou a forma como se concebe e se organiza a vida em sociedade (LAFER, 2015, p. 47).

Para Bobbio (2004, p. 58-60), "por conta da complexidade desses desafios, estruturou-se uma forma de enfrentar a resistência que a realidade internacional coloca para a afirmação planetária dos direitos humanos: promoção, controle e garantia".

Por esse motivo, a luta pelos direitos humanos não se esgota, e estão em processo de construção, desconstrução e reconstrução, pois "o

---

2 A título de contribuição, Brandão (2016, p. 245) explica que a existência de direitos reivindicáveis em face da condição humana é a pedra angular do pensamento da pós-modernidade. [...] A pós-modernidade encontra nos direitos humanos um porto seguro, um lugar-comum que permite o regresso a uma filosofia do direito de conteúdo. Os direitos humanos perece ser o direito natural da pós-modernidade (Brandão, 2016, p. 248).

3 A construção histórica dos direitos humanos sempre recebeu críticas, mas em muitos casos é uma genuína preocupação com o homem que se encontra no centro delas (BRANDÃO, 2016, p. 249).

maior problema dos direitos humanos hoje, não é mais o de fundamentá-los, e sim o de protegê-los" (BOBBIO, *apud* PIOVESAN, 2012, p. 93).

Essa proteção, na visão de Kant (1985, p. 50), "deve ser uma razão abrangente da humanidade que faça o direito valer universalmente na história, ou seja, viabilizar a validade universal do direito como reconhecimento planetário da dignidade da pessoa humana".

A perspectiva de que todos os seres humanos têm direito a ser respeitados de forma paritária, em virtude de sua natureza humana, nasce vinculada a uma instituição social de capital importância: a lei escrita, como regra geral e uniforme, disposta a ser aplicada a todos os indivíduos que vivem em determinada sociedade (COMPARATO, 2010, p. 24).

Entretanto, a vigência dos direitos humanos independe de sua declaração de forma escrita e legalizada, por estar diante de exigências de respeito à dignidade humana, exercidas contra todos os poderes estabelecidos, oficiais ou não (COMPARATO, 2010, p. 239).

Por isso, os direitos humanos estão universalizados à disposição de todos por intermédio, inclusive, de decisões nacionais e internacionais.

Por esse motivo, Piovesan (2012, p. 63) ensina que "[...] a dignidade humana e os direitos fundamentais são bases, alicerces que criam princípios constitucionais capazes de fazer exigências ao sistema jurídico brasileiro".

Nesse sentido, o princípio da dignidade da pessoa humana, de acordo com Bucci *et al.* (2012, p. 369), consiste em um norteador que se sobrepõe a todos os outros princípios e normas constitucionais e infraconstitucionais, como um postulado capital previsto no inciso III do art. 1º da Constituição.

Comumente se utilizam as nomenclaturas direitos fundamentais e direitos humanos como se tivessem o mesmo significado, mas a própria Constituição os cita de forma apartada no art. 4º, II, ou seja, a "prevalência dos direitos humanos", e no art. 5º, § 1º, ou seja, a "aplicação imediata das normas definidoras dos direitos e garantias fundamentais".[4]

[4] Para Canotilho *apud* Soares (2016, p. 10), adotando-se como critério a origem e o significado, pode-se elaborar a distinção entre os direitos humanos e os

Não obstante, começou-se a observar certa confusão no emprego de ambos, motivo pelo qual se faz necessária uma análise sobre a diferenciação entre tais conceitos.

Bucci *et al.* (2012, p. 68-69) considera que a principal diferença entre os termos surge de um aspecto normativo.

Nesse sentido, os direitos humanos dispensam implementação por fazerem parte da natureza humana de forma universal, tendo como característica a imprescritibilidade integrante do pessoal do ser humano, diferentemente dos direitos fundamentais,[5] que possuem natureza constitucional e, portanto, necessitam da coercitividade e orientação do poder público, expressas por meio de declarações e dispositivos legais capazes de impor respeito para efetivar condições necessárias de vida com dignidade. Por isso, são limitados quanto ao tempo, porque poderão ser revisados a qualquer momento.

> A diferença entre as duas expressões reside no plano de positivação dos direitos e, não, no conteúdo dos direitos, que muitas vezes são exatamente os mesmos. A expressão "direitos humanos" é utilizada para se referir a direitos universalmente aceitos, positivados na ordem internacional, enquanto a expressão "direitos fundamentais" é utilizada para se referir a direitos positivados na ordem interna do Estado (BARRETO, 2012, p. 24).

Após a definição dos termos, Ferraz *et al.* (2013, p. 45) conclui sobre a necessidade da positivação interna dos direitos humanos pelos Estados em direitos fundamentais, uma vez que, segundo Barreto (2012, p. 25), "a afirmação dos direitos humanos é decisiva para

fundamentais: os direitos do homem são válidos para todos os povos e em todos os tempos, ao passo que os direitos fundamentais são os direitos do homem, jurídico-constitucionalmente garantidos e limitados no espaço e no tempo.

5 O termo *droits fondamentaux* foi cunhado na França por volta de 1770, no movimento político e cultural que culminou com a Revolução Francesa e sua respectiva Declarátion. Na Alemanha, logo após, a expressão alcançou especial relevo na doutrina, e, sob a designação de Grundrecht, articular-se-ia como sistema de relações entre indivíduos e Estado, como fundamento da ordem jurídico-política (SOARES, 2016, p. 10).

possibilitar a vida em sociedade, porque não há possibilidade de harmonia social sem o reconhecimento de direitos às pessoas [...]".

2. A EVOLUÇÃO DAS PENAS EM BUSCA DE UMA PUNIÇÃO MAIS JUSTA

A conduta delituosa sempre existiu, desde os primórdios da humanidade. Durante séculos na história o ser humano sempre violou regras sociais, escritas ou não.

As penas mais utilizadas eram as capitais, corporais e desumanas, que não atingiam o principal objetivo, tampouco visavam ao alcance da justiça, pois apenas buscavam a punição ou a vingança contra o infrator.

Inicialmente, reporta-se a uma época em que ainda não havia o sistema judiciário para a solução dos conflitos na esfera penal.

No período que se chamou de vingança privada, quando um bem era violado, relata Cunha (2016, p. 43), a punição partia das próprias mãos do ofendido ou de alguém ligado a este, uma vez que não havia a intervenção estatal para regulamentar as relações sociais e a proporcionalidade da penalidade.

A fase seguinte marca uma transição da vingança privada para a vingança pública. Relata Nucci (2017, p. 69) que a punição era assumida por um chefe da comunidade, centralizando esse poder, o que evitava o contra-ataque. Contudo, ainda vigorava a regra do talião (olho por olho, dente por dente), a prática de sanções cruéis com o objetivo de acalmar o ânimo social, que se exaltava quando da prática de um ato repudiável. Mesmo assim, foi uma fase de evolução do Direito Penal por estabelecer um equilíbrio entre o crime e a sanção destinada a seu autor.

Com a evolução da vingança privada para a sacra, na Grécia antiga, Cunha (2016, p. 44) descreve o caráter religioso, expiatório e intimidativo da pena, posteriormente cedendo espaço ao talião e à composição.[6]

No Direito Romano, segundo Marky (1995, p. 133), não se diferenciavam a punição e o ressarcimento de dano. Durante o período

[6] Sobre a razão e o direito de punir, *vide* Platão nas *Leis e Protágoras* e Sócrates em *Ética a Nicômaco*.

clássico, as penas privadas tinham o mesmo fito das penas públicas: eram repressivas.

Nesse período, de acordo com Alves (2005, p. 579), os delitos públicos mais graves eram: a traição à pátria, a ofensa aos deuses, a deserção e o parricídio, por exemplo.

Durante a Idade Média, a sociedade vivia um clima insegurança e obscurantismo, com a existência de penas degradantes, sem respeito à dignidade humana e à integridade física, inclusive por parte do julgador, como descreve Brandão (2002, p. 24).

Em *Dos delitos e das penas*, Beccaria (2007) descreve que "todo exercício do poder que se afasta dessa base é abuso e não justiça; é um poder de fato e não de direito; é usurpação e não mais poder legítimo". Assim, a criação das leis, em seu entendimento, nasce da parcialidade de alguns ou das necessidades de outros.

Com as conquistas liberais, especificamente com a Declaração dos Direitos do Homem, de 1789, os suplícios impostos pela vingança foram substituídos por uma forma mais justa de punir os criminosos.

Entretanto, no século XIX houve um retrocesso, do ponto de vista antropológico, com o modelo do positivismo criminológico, que tendia a usar o mérito do Direito Penal, excluindo qualquer discussão de cunho filosófico.

No período compreendido entre as duas guerras mundiais, o Direito Penal distanciou-se da corrente humanitária e se tornou extremamente repressivo, com predominância do tecnicismo jurídico, o que pode ser constatado no Código Penal Italiano de 1930 ou *Codice Rocco,* matriz ideológica que inspirou o Código de Processo Penal brasileiro de 1941, vigente ainda hoje, apesar das inúmeras alterações.

Sua raiz tecnicista é o *sistema inquisitório,* regido pelo princípio unificador inquisitivo, cuja principal característica é a concentração de poder nas mãos do julgador, que detém a *gestão da prova.*

Para romper com essa perspectiva tecnicista, tão somente em 1981 foi apresentado em nosso país o anteprojeto da Lei de Execução Penal, que resultou na promulgação, em 11 de julho de 1984, da Lei n. 7.210 (LEP), em vigor até os dias atuais, que demonstra uma grande evolução na observância da humanização da pena e, consequentemente, dos direitos humanos.

A Lei de Execução Penal se pauta por princípios gerais que corroboram para a efetivação de uma norma mais justa.

Concretiza-se assim o princípio da dignidade da pessoa humana, fundamentado pelo art. 1º, III, da Constituição, tendo o ser humano como ponto central, conforme bem descrevem Bucci *et al.* (2012, p. 68-69).

Nesse sentido, não se deve excluir o encarcerado de sua condição de pessoa humana, por se tratar de um ser com direitos e garantias adquiridos constitucionalmente.

Durante o tempo de custódia em estabelecimento penitenciário, o preso está sujeito a normas internas e tem direito à convivência em um ambiente carcerário digno, sustentável, salubre e proporcional à espécie humana, que só pode, em grande parte, ser proporcionado pelo Estado.[7]

Sobre esse aspecto, Roig (2016, p. 549) acrescenta que o ingresso no cárcere retira do preso parte de sua autotutela, e cria um vínculo de dependência do indivíduo em relação ao Estado, necessitando deste para suprir suas carências mais básicas, tais como alimentação, vestuário, remédios, proteção, dentre outras.

Assim, surge também uma dependência ambiental dos presos para com o Estado. Ora, se o preso está sob custódia estatal, e, por derradeiro, com sua liberdade privada para vários tipos de ações, como pode se autoproporcionar um ambiente digno para sua vivência e sobrevivência?

O primeiro problema grave diagnosticado nos presídios é o da superlotação. O planejamento inadequado do funcionamento do sistema prisional produz uma desproporção entre a capacidade deste e a demanda do elevado número de encarceramentos, tornando inviável o oferecimento de um meio ambiente saudável, em consonância com os direitos constitucionais adquiridos.

---

[7] Para José Arruda Silva (2016, p. 70), não se pode olvidar o caráter negocial entre o apenado e o sistema prisional, porém de imposição unilateral e aceitação forçada por parte do preso, lado mais vulnerável, pois este fica à mercê do tratamento imposto.

A Lei de Execução Penal, em seu art. 85, estabelece que o ambiente prisional deve ter lotação proporcional a sua estrutura e finalidade e que a capacidade deste deve ser determinada pelo Conselho Nacional de Política Criminal e Penitenciária.[8]

Não obstante, a preocupação maior do Estado concentra-se na possibilidade de fugas e em mantê-los dentro dos muros carcerários. A forma, as condições sociais e ambientais a que são submetidos não se configuram em prioridades.

Ao construir um espaço, planeja-se a capacidade necessária para acomodar um determinado número de pessoas. Quando a demanda é maior do que esse meio artificial pode comportar, podem cominar em outros problemas ambientais relacionados.

No caso dos presídios, deve-se levar consideração que a superlotação acarreta outras dificuldades básicas e inerentes à sadia qualidade de vida, como aeração e aquecimento ambiental, luminosidade, utilização de sanitários, acesso ao ar natural e outras exigências salutares.[9]

De uma situação não observada, omitida à comunidade carcerária, decorre um problema relativo à dignidade humana, e que portanto abarca uma instância jurídica internacional capaz de ditar novos julgados e novas regras processuais penais e de execução penal, a ponto de, inclusive, chegar a obrigar o Estado a conceder liberdade provisória a um preso por se tornar ilegal sua custódia em virtude da inobservância de fatores ambientais básicos como superlotação, alimentação, salubridade, atendimento médico-hospitalar, aeração, exposição diária à luz solar por um período mínimo de tempo, tamanho de cela, dentre outros.

---

8 Valois (2015 p. 121) descreve que "é normal encontrarmos prisão com mil, dois mil presos, e cinco, seis ou sete policiais fazendo a segurança externa daquele estabelecimento penal, [...]".

9 Roig (2016, p. 535-538) relata que tal questão é abordada em âmbito internacional, a exemplo do Comitê Europeu para a Prevenção da Tortura e das Penas Desumanas ou Degradantes (CPT), e, na Corte Europeia de Direitos Humanos, culminado, inclusive, na condenação da Itália, em virtude de proporcionar tratamento desumano e degradante, em razão da superlotação carcerária. O Comitê aponta como consequências da superlotação a restrição de espaço, de higiene e de privacidade, que causam crescente tensão e aumentam a violência nesse espaço.

Tais omissões por parte do Estado, detentor exclusivo do direito de punir, acrescenta Roig (2016, p. 551), descortinam outros precedentes jurisprudenciais, inclusive internacionais, pois o encarceramento, nessas condições, atenta contra a dignidade humana e afeta a própria pretensão de punir do Estado quanto à legalidade processual, podendo ensejar a suspensão da execução ou a própria renúncia da punição, por ilegalidade em sua execução, falha gravíssima para um Estado democrático de direito.

Por derradeiro, são fato notório o clamor e o conflito social que esses julgados podem acarretar, despertando um desejo de punição rigorosa por parte do cidadão comum, sedento de sentimento de justiça.

Todavia, os presos, detentores de direitos humanos institucionalizados, por não suportarem mais viver nesse ambiente animalizado, tendem a se rebelar e a desencadear uma grande explosão social, causando um problema fora do muro do cárcere e alcançando a comunidade.

3. A NÃO EFETIVIDADE DOS DIREITOS FUNDAMENTAIS CARCERÁRIOS ADQUIRIDOS

No Brasil, país com grande população carcerária, os direitos fundamentais dos presos são ostensivamente ignorados pelas autoridades encarregadas do sistema prisional.

Além da superlotação das celas, há falta de espaço para se deitar, para realizar as necessidades fisiológicas, daí a propagação mais rápida de doenças, como o novo coronavírus, e de parasitas.[10]

Quanto mais lotada a cela, maior o calor e a falta de ventilação para respirar.

Partindo do princípio de que os encarcerados ficam impossibilitados de usufruir de suas garantias, Valois (2015, p. 29) alega que os presos começam a abrir mão de sua própria dignidade humana.

[10] De acordo com o Ministério da Justiça (2014, p. 55), os presos têm, em média, uma chance 28 vezes maior de contrair tuberculose, por exemplo. Estima-se que, a cada 100 pessoas presas em dezembro de 2014, 1,3 vivia com HIV. Da mesma forma, 0,5% da população prisional vivia com sífilis, 0,6% com hepatite, 0,9% com tuberculose e 0,5% com outras doenças.

Isso significa que o estabelecimento prisional que se omite ou negligencia quanto às condições e a assistência ao preso pode declarar uma pena de morte a este, que, encarcerado, não tem atendimento e tratamento médico, tampouco pode buscar solução fora desse ambiente devido a sua condição de custodiado.

A situação é tão grave que a Segunda Turma do STJ, tendo como relator o Ministro Herman Benjamin, restabeleceu liminar da 12ª Vara de Fazenda Pública de São Paulo, por meio dos autos do Recurso Especial n. 1537530, que determinou a disponibilização de banhos aquecidos em todas as 168 unidades penitenciárias do Estado no prazo máximo de seis meses. A decisão levou em consideração questões humanitárias, o respeito a acordos internacionais e a proteção dos direitos fundamentais dos detentos.[11]

Para agravar a situação, mulheres apenadas, no decorrer do cumprimento da pena privativa de liberdade, entram em trabalho de parto e são submetidas a um meio ambiente prisional inadequado, sujo, com propagação de doenças, dentre outros aspectos ambientais precários, violadores também dos direitos do nascituro, que, indissociavelmente, deve permanecer com a mãe por certo período, nesse ambiente.

Essa trágica realidade atenta contra um princípio constitucional, no sentido de que a pena não pode ultrapassar a pessoa do condenado, somente este devendo arcar com as sanções por seus atos delinquenciais. O bebê será afetado por esse meio ambiente

[11] O pedido foi apresentado em ação civil pública pela Defensoria Pública de São Paulo, que argumentou que os presos do Estado contam apenas com água gelada para a higiene pessoal, mesmo nos períodos mais frios do ano. Para a Defensoria, o tratamento dispensado aos detentos é cruel e degradante, além de possibilitar a disseminação de doenças como a tuberculose. No mérito do pedido, o relator, Ministro Herman Benjamin, restabeleceu liminar da 12ª Vara de Fazenda Pública de São Paulo que determinou a disponibilização de banhos aquecidos em todas as 168 unidades penitenciárias do Estado no prazo máximo de seis meses. A decisão levou em consideração questões humanitárias, o respeito a acordos internacionais e a proteção dos direitos fundamentais dos detentos. O Ministro também destacou que o não oferecimento de banhos aquecidos aos detentos paulistas representa "violação massificada aos direitos humanos" e infringe a Constituição Federal e as convenções internacionais das quais o Brasil é signatário (Superior Tribunal de Justiça).

desequilibrado e, de certa forma, será submetido a conviver em um ambiente insalubre junto a sua genitora, em flagrante violação ao disposto nos arts. 83, § 2º, e 89 da Lei de Execução Penal,[12] bem como ao art. 5º, L, da Constituição, que sustenta o direito de a custodiada permanecer com seu bebê durante o período de amamentação.

De acordo com o art. 85 da LEP, as celas devem ser individuais, contendo dormitório, aparelho sanitário e lavatório como requisitos básicos para uma mínima convivência salubre, construídas em área mínima de seis metros quadrados e apresentando características de salubridade do ambiente com aeração, insolação e condicionamento térmico adequado à existência humana, uma vez que existem regiões no país com temperaturas extremas.

Sobre a questão das celas, Roig (2016, p. 542) acrescenta que a Corte de Direitos Humanos, orientada pelo Comitê para a Prevenção da Tortura e das Penas Desumanas ou Degradantes da Europa, estabelece o limite mínimo de sete metros quadrados por pessoa, com uma distância de dois metros entre as paredes e de dois metros e meio entre o chão e o teto, como desejável.

Os presos também têm o dever de cuidar de sua higiene e do ambiente em que habitam, por força do art. 38 da LEP, que determina que zelem por sua higiene pessoal, pelo asseio da cela ou alojamento e pela conservação dos objetos de uso pessoal. Ocorre que, para cumprirem esse dever, devem ser fornecidos a eles materiais de limpeza, que, geralmente, não são disponibilizados.

Além do que dispõem o Comitê para a Prevenção da Tortura e das Penas Desumanas ou Degradantes da Europa e a Lei de Execução Penal, a Constituição se coaduna com esses direitos em seu art. 5º, III e XLIX, ao resguardar a integridade física e moral das pessoas presas.[13]

---

[12] A penitenciária de mulheres deve oferecer seção para gestante e parturiente e creche para acomodar e amamentar crianças maiores de seis meses e menores de sete anos, com a finalidade de assistir a criança desamparada cuja responsável estiver presa.

[13] *Vide* ainda as Regras Mínimas para o tratamento de Presos no Brasil por meio da Resolução n. 14/94 do Conselho Nacional de Política Criminal e Penitenciária do Ministério da Justiça, que abordam infringências legais quanto ao que dispõe o art. 3º, ou seja, "É assegurado ao preso o respeito à sua individualidade, integridade física e dignidade pessoal", e o art. 9º, "Os

O Estado brasileiro, consoante a Lei de Execução Penal, delega fiscalização e acompanhamento desses dispositivos a diversos órgãos e pessoas executoras, direta e indiretamente, das funções destinadas às unidades prisionais.

Assim, o legislador inseriu em um mesmo capítulo um rol de órgãos da execução, que atuarão conjuntamente na luta de efetivação dos direitos inerentes ao tema.

Em seu art. 64 da LEP, delegou ao Conselho Nacional de Política Criminal e Penitenciária a função de avaliar periodicamente o sistema criminal para sua adequação às necessidades do país, e a de estabelecer regras sobre a arquitetura e a construção de estabelecimentos penais.

O art. 66 da LEP alcança os magistrados da execução ao delegar a estes o dever de sair de seus gabinetes confortáveis e salubres e inspecionar, mensalmente, os estabelecimentos penais, tomando providências para o adequado funcionamento e promovendo, quando for o caso, a apuração de responsabilidade.

O Departamento Penitenciário Nacional, por sua vez, é responsável pelo acompanhamento e a fiel aplicação das normas de execução penal em todo o território nacional, por força do art. 72 da LEP.

Em âmbito estadual, o Departamento Penitenciário local, ou órgão similar, de acordo com o art. 74 da LEP, tem a finalidade supervisionar e coordenar os estabelecimentos penais da Unidade da Federação a que pertencerem.

Por fim, a Defensoria Pública está incumbida de realizar visitas nos estabelecimentos e tomar providências para seu adequado funcionamento, requerendo apuração de responsabilidade, quando necessário, de acordo com a dicção do art. 81-B da LEP.

Não obstante, outra grande preocupação causa inquietação. A grande maioria dos presídios brasileiros não separa o ambiente dos presos provisórios e dos presos sentenciados.

---

locais destinados aos presos deverão satisfazer as exigências de higiene, de acordo com o clima, particularmente no que se refere à superfície mínima, volume de ar, calefação e ventilação".

Os presos sentenciados são aqueles que o Estado julgou culpados por meio do devido processo legal, com expedição de sentença condenatória, como ordena o art. 674 do Código de Processo Penal Brasileiro.[14] Antes disso os presos são considerados presos provisórios e terão de aguardar julgamento e sentença com trânsito em julgado.

Ora, até o trânsito em julgado de sentença condenatória ninguém pode ser considerado culpado, e dessa forma estão amparados pelo princípio da presunção de inocência, até que o Estado prove sua autoria.

Assim, esse preso poderá ser absolvido quando de seu julgamento, contudo passará, antes, por todo esse processo carcerário desumano, sendo obrigado a conviver nesse ambiente até o dia de seu julgamento, que pode demorar anos, não por previsão legal, mas pelo acúmulo de processos nas varas criminais.

Nesse ínterim, o preso deverá enfrentar fome, comer alimentos vencidos, sofrer agressões físicas e adquirir doenças comuns nas prisões, dentre outras punições extralegais.

De acordo com estatísticas do Conselho Nacional de Justiça, especificamente Geopresídios (CNJ, 2017), em termos nacionais, existem 294.484 presos em regime fechado, e 242.745 deles são presos provisórios.

Essas estatísticas oficiais permitem auferir que mais da metade dos presos que estão convivendo em um meio ambiente inadequado pode ser inocentada a qualquer momento, quando de seu julgamento. Contudo, já estão vivenciando uma situação de violação a seus direitos, mesmo sem saber se serão condenados ao final do processo.

O objetivo da execução penal, na dicção do art. 1º da LEP, é proporcionar condições para a harmônica integração social do condenado e do internado. A doutrina denomina esse processo ressocialização, ou seja, a recuperação do apenado de maneira que, após o cumprimento de sua pena, não volte a delinquir.

---

[14] Transitando em julgado a sentença que impuser pena privativa de liberdade, se o réu já estiver preso, ou vier a ser preso, o juiz ordenará a expedição de carta de guia para o cumprimento da pena.

Este objetivo se tornou utópico e teórico, uma vez que só tem efetividade na lei escrita porque a convivência dos presos em um ambiente insalubre e precário, como já foi demonstrado, não ressocializa qualquer ser humano.

Diante desse contexto social da violência, Andrade e Rabelo (2016, p. 38) refletem sobre a tortura nas unidades prisionais. Esta acaba por se tornar algo comum e aceitável, pois se considera que os que ali habitam, por serem pessoas que cometeram crimes, não merecem a tutela do Estado.

Nesse sentido, a ideia que se tem é a de que os detentos devem ficar esquecidos à própria sorte e sem assistência, afinal não se trata de um problema da sociedade. Entretanto, quando esse problema chega a uma proporção que vai além dos muros do cárcere, como as rebeliões, que acarretam fugas em massa, os presos retornam à sociedade de maneira ilegal (por meio da fuga), e geram, dessa forma, o pânico e consequentemente o caos social.

Ora, a rebelião nada mais é que o "grito" que essa população precisa ecoar para ser ouvida, para reivindicar seus direitos básicos quando a conjectura toma uma proporção sub-humana e impossível de vivência em um espaço carcerário que apresenta condições ambientais insustentáveis.

Nesse momento, a prioridade do Estado passa a ser a recaptura dos foragidos e/ou o aumento de vagas nas penitenciárias, mas dificilmente a melhoria das condições do ambiente prisional, que ensejou a rebelião.

Essas ações estatais acabam por gerar uma solução aparente para o problema, a ser divulgada na mídia, o que proporciona uma falsa sensação de segurança à sociedade, mas nunca se revela como solução do problema do principal afetado: o preso.

Por outro lado, a missão social é cumprida no discurso jurídico: aquele que atenta contra a lei penal e comete crime é separado, apartado do convívio comum, não importam seus direitos humanos mínimos e legais de sobrevivência em um ambiente sustentável.

O que importa é que está lá, trancado, por detrás dos muros, sem mais praticar o mal social, assim como critica Michel Foucault em sua obra *Vigiar e punir*, por acreditar que a punição está vinculada à ideia de vingança.

Tais provações tornam-se uma pena corporal em virtude de fatores ambientais precários que não estão previstos em nenhum artigo de lei de nosso ordenamento jurídico.

As penas mais graves dispostas nos tipos penais são somente de detenção e reclusão. Em nenhum lugar está regulamentado, legalmente, que aquele que comete um delito deve pagar com penas corporais, escassez e/ou ingestão de água e comida imprópria para consumo, sofrer estupro, passar dias no escuro sem ver a luz do sol, não conseguir se movimentar em uma cela pequena e superlotada, respirar odores insuportáveis ao ser humano, conviver com ratos e baratas, adquirir doenças e não ter atendimento médico básico, dentre outros.

Tais penalidades se tornam crimes assim como os que foram cometidos.

O Estado não pode ser autor de crimes enquanto tutor de seus cidadãos, sendo responsável por resguardar os direitos humanos básicos do preso.

Nesse sentido, esclarece Comparato (2010, p. 239) que "todos os seres humanos" devem ser considerados sujeitos passíveis de direitos e amparados pela lei escrita e pertencentes à sociedade, embora esta queira excluir os presos do círculo social, como se os muros do cárcere estratificassem a sociedade entre os que merecem viver em um ambiente salubre e sustentável e os que devem ser punidos.

Por conveniência ou até por ignorância, esquecem os hipócritas que a dignidade da pessoa humana, como princípio constitucional, tem efeitos, que alcançam a todos na condição de seres humanos, sendo irrelevante o *status* social, cultural, político ou econômico: basta a pessoa nascer com vida e já se faz titular desses direitos. Como homem, será sempre o centro, o objetivo principal desse princípio.

Ressalta Valois (2015, p. 78) que a norma constitucional preconiza que, apesar do crime cometido, o Estado não pode agir de forma criminosa e deve respeitar a integridade física e moral daquele que cumpre sua pena, conforme descrito na lei e nos regulamentos.

As mesmas leis que proporcionam legitimidade ao Estado para que uma pessoa seja presa devem ser respeitadas em seu cumprimento, em sua execução penitenciária. Caso contrário, haverá perda de legitimidade no encarceramento em si.

Em virtude de tantas omissões e falhas cometidas em preservar os direitos fundamentais nos presídios, o Supremo Tribunal Federal brasileiro chegou ao entendimento sobre notório estado de coisas inconstitucionais,[15] durante a seção plenária, em 9 de setembro de 2015, no qual, de plano, julgou, em sede de liminar, ao apreciar a ADPF 347/DF.

Argentina, Estados Unidos, Índia, África do Sul e Canadá, de acordo com Maldonado (2013, p. 129-159), também recepcionaram essa tese, na perspectiva de que o encarceramento não retira do detento o benefício de seus direitos, sustentando ainda a relativização da relação jurídica entre Estado e individuo, com a inclinação em favor deste último em determinadas situações.

Caso o Estado não consiga adotar as medidas impostas, Roig (2016, p. 555-556) sugere a possibilidade de imposição aos juízes do dever de interditar os estabelecimentos em condições inadequadas e de conceder liberdade a qualquer pessoa que esteja submetida a condições que não satisfaçam os requisitos mínimos de segurança e higiene e que atentem contra os princípios dos direitos humanos, ou de aplicar a concessão da progressão de regime "progressão compulsória" e do livramento condicional.

Para Ferrajoli *apud* Silva (2016, p. 43), é necessário, sobretudo, que as condições de vida dentro da prisão sejam para todos as mais humanas e as menos aflitivas possíveis.

---

15 Segundo Roig (2016, p. 547), trata-se de um conceito cunhado pela Corte Constitucional da Colômbia, declarado na Sentença de Tutela 153/1998, em face do reconhecimento do quadro generalizado de superlotação e de violação das pessoas presas naquele país, sem a correspondente adoção de políticas públicas para minimizar o problema. Uma vez declarada tal situação nas prisões, a Corte Constitucional da Colômbia ordenou ao governo daquele país a elaboração de um plano de construção e reforma carcerárias, determinando a separação de presos cautelares e condenados, ordenando às autoridades locais a adoção de medidas necessárias para criar e manter centros de reclusão próprios, bem como determinando ao Presidente da República e ao Ministro da Justiça que, enquanto fossem executadas as obra carcerárias ordenadas na sentença, tomassem as medidas necessárias para garantir a ordem pública e o respeito dos direitos fundamentais dos internos nos estabelecimentos de reclusão do país.

Sendo assim, fica explícita a necessidade de adequar os estabelecimentos carcerários ao que dispõem os manuais e legislações, em âmbitos nacional e internacional, relativos à matéria, sob pena de continuar violando os princípios pertinentes à dignidade humana.

CONSIDERAÇÕES FINAIS

O sistema carcerário não deve servir como depósito humano com o fundamento e a desculpa do afastamento temporário ou permanente do infrator do convívio social.

A sede de justiça social não pode servir como justificativa para violar os direitos fundamentais do apenado que cumpre sua pena privativa de liberdade em um sistema prisional falido.

Ao serem analisados os processos históricos inerentes às condições de pena a que os cidadãos eram submetidos ao serem encarcerados, pode-se verificar que os problemas que assolavam os sistemas penitenciários entre os séculos XIX e XX são os mesmos vivenciados pelos presidiários no transcorrer das duas décadas do século XXI.

Os históricos de violação dos direitos humanos têm raízes, com sementes de violência, desde a implantação das primeiras casas de detenção.

Assim, fica claro que na prática carcerária ocorre a constante violação de direitos fundamentais do preso e a total inobservância das garantias legais previstas na execução das penas privativas de liberdade.

Ora, a partir do momento em que o preso se submete à tutela do Estado, não perde apenas o direito de liberdade, mas também todos os outros direitos fundamentais que não foram atingidos pela sentença, passando a receber um tratamento execrável e a sofrer os mais variados tipos de castigos, que acarretam a degradação de sua personalidade e a perda de sua dignidade.

Na prisão, dentre várias outras garantias que são desrespeitadas, o preso sofre principalmente com a prática de torturas, agressões físicas e coisificação, pois o encarceramento é considerado um cheque em branco para o Estado tratar o indivíduo como sua propriedade. Como decorrência dessa posse, devem ser suprimidos todos os seus direitos fundamentais conflitantes com o interesse estatal na aplicação do *jus puniendi*.

Assim, revela-se neste artigo uma práxis de violência contumaz do sistema carcerário, que deve ser mudada, em observância às garantias constitucionais do preso.

REFERÊNCIAS BIBLIOGRÁFICAS

ALVES, José Augusto Lindgren. *Os direitos humanos na pós-modernidade.* São Paulo: Perspectiva, 2005.

ARROJO, Manuel Lopez-Rey. Algumas considerações sobre o caráter e a organização do trabalho penitenciário. *Revista Penal y Penitenciaria,* Argentina, t. XXI/63, 1958.

ASSIS, Rafael D. A realidade atual do sistema penitenciário brasileiro. *Revista CEJ*, Brasília, ano XI, n. 39, p. 74-78, out./dez. 2007.

AVENA, Norberto. *Execução penal.* 2. ed. São Paulo: Forense, 2015.

BARRETO, Rafael. *Direitos humanos.* 2. ed. Bahia: Juspodivm, 2012.

BARSANO, Paulo Roberto; BARBOSA, Rildo Pereira. *Meio ambiente*: guia prático e didático. 2. ed. São Paulo: Érica, 2013.

BAUDRILLARD, J. *Crítica de la economía política del signo.* México: Siglo XXI, 1974.

BECCARIA, Cesare. *Dos delitos e das penas.* São Paulo: Martin Claret, 2007.

BOBBIO, Norberto. *A era dos direitos.* 8. ed. Rio de Janeiro: Elsevier, 2004.

BRANDÃO, Cláudio. *Introdução ao direito penal.* Rio de Janeiro: Forense, 2002.

BRANDAO, Claudio; ALVES, Silvia. Os direitos humanos e o impacto conceitual de suas raízes setecentistas. *Revista Brasileira de Estudos Jurídicos*, Belo Horizonte, n. 113, 2016.

BRASIL. *Constituição Federal.* 20 ed. São Paulo: Saraiva, 2017

BRASIL. Decreto 678/1992. *Pacto São José da Costa Rica.* São Paulo: Saraiva, 2017.

BRASIL. Lei n. 7.210/84. *Lei de Execução Penal.* São Paulo: Saraiva, 2017.

BUCCI, Daniela; SALA, Jose Blanes; CAMPOS, José Ribeiro de. *Direitos humanos*: proteção e promoção. São Paulo: Saraiva, 2012.

COMPARATO, Fábio Konder. *A afirmação histórica dos direitos humanos.* 2. ed. São Paulo: Saraiva, 2010.

Conselho Nacional de Justiça - CNJ. *Geopresídios (2017).* Disponível em: www.cnj.jus.br/geopresidios. Acesso em: 20 abr. 2017.

CUNHA, Rogério Sanches. *Manual de direito penal:* Parte Geral. Salvador: Juspodivm, 2016.

FERRAZ, Anna Cândida da Cunha *et al. Direitos humanos fundamentais*: doutrina, prática e jurisprudência. Rio de Janeiro: Impetus, 2013.

FOUCAULT, Michel. *Vigiar e punir:* nascimento da prisão. 20. ed. Petrópolis: Vozes, 1999.

KANT, Immanuel. *Per la pace perpetua e altri, a cura di Nicalao Merker.* Roma: Riuniti, 1985.

LAFER, Celso. *Direitos humanos:* um percurso no direito no século XXI. São Paulo: Atlas, 2015.

MALDONADO, Daniel Bonilla. *Constitutionalism of the Global South*: the activist Tribunals of India, South Africa and Colombia. New York: Cambridge University Press, 2013.

MARKY, Thomas. *Curso elementar de direito romano.* 8. ed. São Paulo: Saraiva, 1995.

MINISTÉRIO DA JUSTIÇA. *Infopen*: Levantamento Nacional de Informações Penitenciárias 2014. Disponível em: http://www.justica.gov.br/seus-direitos/politica-penal/documentos/infopen_dez14.pdf. Acesso em: 27 abr. 2017.

NUCCI, Guilherme de Souza. *Manual de direito penal.* 13. ed. São Paulo: Revista dos Tribunais, 2017.

PIOVESAN, Flavia. *Direitos humanos e justiça internacional.* 2. ed. São Paulo: Saraiva, 2011.

PIOVESAN, Flávia. *Direitos humanos e o direito constitucional internacional.* 13. ed. São Paulo: Saraiva, 2012.

ROIG, Rodrigo Duarte Estrada. *Execução penal*: teoria crítica. 2. ed. São Paulo: Saraiva, 2016.

SILVA, José Afonso da. *Direito ambiental constitucional.* 10. ed. São Paulo: Malheiros, 2013.

SILVA, José Audamir Arruda. *A privatização de presídios:* uma ressocialização perversa. (In)compatibilidade com o Estado Democrático de Direito. Rio de Janeiro: Revan, 2016.

SMANIO, Gianpaolo Poggio; FABRETTI, Humberto Barrionuevo. *Introdução ao direito penal:* princípios e cidadania. 2. ed. São Paulo: Atlas, 2012.

SOARES, Mário Lúcio Quintão. *Direitos fundamentais e direito da União Europeia em momento de tensão.* Belo Horizonte: Arraes, 2016.

VALOIS, Luis Carlos. *Execução penal e ressocialização*. São Paulo: Estúdio Editores, 2015.

Capítulo 7

Direitos fundamentais na relação fisco-contribuinte

Daniel Cardoso Gerhard
Jorge Eduardo de Souza Martinho

— SUMÁRIO —

INTRODUÇÃO

Reconhecidamente, os contribuintes brasileiros possuem uma sensível dificuldade em se adequar ao cumprimento de obrigações tributárias principais e deveres instrumentais devido à complexidade das normas tributárias e ao modo incisivo e repreensivo como o fisco age na exigência da conformidade fiscal. Esse proceder afasta a credibilidade dos contribuintes e, consequentemente, a possibilidade de um sistema baseado na mútua cooperação para a conformidade.

A atual relação entre fisco e contribuintes, baseada na desconfiança de ambos, acarreta, por um lado, a atuação incisiva e inflexível da administração tributária, e, por outro, a rejeição da tributação pelos contribuintes.

O ato de pagar tributo é visto pelos contribuintes apenas como forma de evitar a ação repressiva do Estado, e não como exercício de cidadania fiscal. Por outro prisma, o Estado não reconhece como direito fundamental a necessidade do contribuinte de participar de uma relação colaborativa, em que a confiança e a transparência estejam presentes.

Assim, como falar em justa tributação no Brasil? Há um direito fundamental a ser tutelado na relação do contribuinte com o Estado/fisco, com vistas a estabelecer justiça fiscal?

O contexto em que essa relação tributária se estabelece é o de uma ordem macroeconômica assimétrica, conforme Flávia Piovesan,[1] em que os 15% mais ricos detêm 85% da renda e os 85% mais pobres ficam apenas com 15% desta.

1. DIREITOS HUMANOS E NOVO CONSTITUCIONALISMO LATINO-AMERICANO: UM PONTO DE PARTIDA PARA O ESTUDO DA JUSTA TRIBUTAÇÃO

Os direitos humanos, tidos como catálogo de direitos reconhecidos e positivados em documentos internacionais mediante a adesão de nações, estrutura-se em um tripé: existir, desenvolver e participar.

Essa tríade humanística, em tom performático, exige e demanda que as constituições, em seus textos e contextos, não só tragam comandos de proteção a tais direitos, mas que os promovam, de fato.

À medida que os direitos humanos adentram a atmosfera constitucional, seja por meio do processo constituinte originário ou do reconhecimento pelas casas do Congresso Nacional, nos termos do art. 5º, § 3º, da Constituição, passam a ter o *status* de fundamentais: seja porque estão na carta político-jurídica *fundamental* do Brasil, seja porque são a base de estruturação do Estado, caracterizando-se,

---

1 Entrevista concedida ao *Conjur*, publicada em 5 de abril de 2009. Disponível em: https://www.conjur.com.br/2009-abr-05/entrevista-flavia-piovesan-procuradora-estado-sao-paulo.

pois, como critério *fundamental* de justiça, seja porque se relacionam à expressão política da dignidade humana no mundo da vida – *fundamento* ético da política e do direito.

Assim, tem-se que a aderência e o reconhecimento dos direitos humanos, constitucionalmente, estão atrelados ao processo histórico e cultural de cada Estado, razão pela qual tais direitos apresentam-se, sobretudo, como horizonte de legitimidade de todo um sistema de justiça – inclusive a tributária/fiscal.

O Brasil, em termos de distribuição de renda, é o país mais desigual da América Latina, região mais desigual do planeta. Isso quer dizer que, nas relações públicas ou privadas, a tônica é a assimetria: Manaus, por exemplo, berço da chamada Zona Franca, não obstante estar entre as dez mais ricas no país (dados do IBGE de 2018), tão somente 10% da população do Estado do Amazonas tem acesso à rede de saneamento básico.

Diante desse cenário, é inadmissível, por quaisquer critérios de justiça, que o sistema de tributação do Estado acentue as desigualdades sociais – o que afeta, diretamente, os núcleos dos direitos humanos traduzidos em direitos fundamentais: a ausência do básico para viver dignamente em cidadania (existir, desenvolver e participar) constitui um cenário de miséria.

> A aplicação de uma tributação justa é tema recorrente, especialmente porque, na prática, percebe-se que há um desequilíbrio surgido, quiçá, em razão de uma desordem governamental no que se refere à implementação de políticas públicas que atinge os mais pobres em razão da ausência e/ou existência precária. Para a compreensão da necessidade de se admitir uma tributação justa, mister é uma análise econômica-filosófica acerca do conceito de pobre, pois "a pobreza deve ser vista como privação de capacidades básicas em vez de meramente como baixo nível de renda, que é o critério tradicional de identificação da pobreza" (ELEUTÉRIO, 2015, p. 198).

Para Amartya Sen (2000, p. 109), a noção de pobreza como inadequação de capacidade é distinta da noção de pobreza como baixo nível de renda. Não obstante, essas duas perspectivas não podem deixar de estar vinculadas, pois a renda é um meio significativo de obter capacidades.

Tem-se, portanto, que a pobreza é, ao mesmo tempo, a carência de renda e a carência de acessibilidade ao mínimo para a vivência política dos direitos nucleares afetos à dignidade humana, como direito fundamental ao desenvolvimento, cujo conceito pode ser extraído da Declaração sobre o Direito ao Desenvolvimento de 1986:

> Artigo 1º
>
> § 1º O direito ao desenvolvimento é um direito humano inalienável, em virtude do qual toda pessoa e todos os povos estão habilitados a participar do desenvolvimento econômico, social, cultural e político, para ele contribuir e dele desfrutar, no qual todos os direitos humanos e liberdades fundamentais possam ser plenamente realizados.
>
> § 2º O direito humano ao desenvolvimento também implica a plena realização do direito dos povos à autodeterminação que inclui, sujeito às disposições relevantes de ambos os Pactos Internacionais sobre Direitos Humanos, o exercício de seu direito inalienável à soberania plena sobre todas as suas riquezas e recursos naturais.
>
> Artigo 2º
>
> § 1º A pessoa humana é o sujeito central do desenvolvimento e deveria ser participante ativo e beneficiário do direito ao desenvolvimento.
>
> § 2º Todos os seres humanos têm responsabilidade pelo desenvolvimento, individual e coletivamente, levando-se em conta a necessidade de pleno respeito aos seus direitos humanos e liberdades fundamentais, bem como seus deveres para com a comunidade, que sozinhos podem assegurar a realização livre e completa do ser humano e deveriam por isso promover e proteger uma ordem política, social e econômica apropriada para o desenvolvimento.
>
> § 3º Os Estados têm o direito e o dever de formular políticas nacionais adequadas para o desenvolvimento, que visem ao constante aprimoramento do bem-estar de toda a população e de todos os indivíduos, com base em sua participação

> ativa, livre e significativa, e no desenvolvimento e na distribuição equitativa dos benefícios daí resultantes (ORGANIZAÇÃO DAS NAÇÕES UNIDAS, 1986).

Assim, percebe-se que a ONU constrói uma visão de desenvolvimento humano ligada à participação e ao desfrute do desenvolvimento nacional como um todo: isso implica que o desenvolvimento humano é direito de aprimoramento contínuo das liberdades individuais e coletivas, alcançadas por meios econômicos, sociais, culturais e políticos.

Amartya Sen (2000) adota essa perspectiva em seus estudos sobre o desenvolvimento humano, interligando-o com o conceito de liberdade.

Nessa linha de argumentação, o desenvolvimento focado nas liberdades humanas "contrasta com visões mais restritas de desenvolvimento, como as que identificam desenvolvimento com crescimento do Produto Nacional Bruto (PNB), aumento de rendas pessoais, industrialização, avanço tecnológico ou modernização social" (SEN, 2000, p. 17).

O crescimento do PNB e das rendas individuais seria, portanto, um meio de expandir as liberdades dos membros das sociedades, porém estas dependem também de disposições sociais e econômicas, a destacar os serviços públicos eficientes de saúde, segurança e educação, e a garantia dos direitos civis pelo Estado, como o direito de participação política.

Há duas razões para a centralidade da liberdade no processo de desenvolvimento:

> *1) A razão avaliadora:* a avaliação do progresso tem de ser feita verificando-se primordialmente se houve aumento das liberdades das pessoas.
>
> *2) A razão da eficácia:* a realização do desenvolvimento depende inteiramente da livre condição de agente das pessoas (SEN, 1999, p. 18).

Feitosa (2013), em uma visão histórica do direito ao desenvolvimento, afirma que este está presente na Constituição de 1988 como uma extrapolação do direito do desenvolvimento puramente econômico, relacionando-se agora com conceitos culturais, sociais e políticos.

O desenvolvimento é elencado na Constituição, em seu preâmbulo, como uma das finalidades e objetivos do Estado Democrático de Direito, juntamente com a liberdade, o bem-estar, o exercício dos direitos sociais e individuais, a igualdade e a justiça.

Assim, o desenvolvimento apresenta duas facetas: pode ser considerado individualmente ou coletivamente.

Para Mascarenhas (2008), os direitos sociais, genericamente considerados, são os meios para o alcance do desenvolvimento pessoal e da igualdade social, fundamentos da República brasileira. São os direitos sociais os direitos à educação, à saúde, ao trabalho, à moradia, ao lazer, à segurança, à previdência social, a proteção à maternidade e à infância, e a assistência aos desamparados.

Segundo Mendes e Branco (2014), o direito ao desenvolvimento constitui-se em um dos direitos difusos/coletivos de terceira geração, pois diz respeito a coletividades ou grupos. Porém, tais concepções não são mutuamente exclusivas, mas complementares, e refletem a evolução da concepção jurídica desse direito.

Nessa linha de argumentação, tem-se que o direito a uma justa tributação guarda com o direito ao desenvolvimento uma relação de causalidade: um sistema de tributação justa contribui para o desenvolvimento social.

No texto constitucional, a justa tributação está imiscuída nos valores constantes do preâmbulo (a liberdade, o bem-estar, o desenvolvimento, a igualdade e a justiça), podendo ser conceituada como aquela submetida às razões públicas de aceitabilidade, destinada tão somente à manutenção da máquina estatal e ao suprimento das necessidades básicas das pessoas.

Segundo Ricardo Varsano *et al.* (*apud* ELEUTÉRIO, 2015, p. 2), a tributação brasileira vê-se distorcida por não respeitar a capacidade econômica efetiva de cada contribuinte, gerando uma desproporção efetiva. Conforme estudo econômico do IPEA, a participação da tributação da renda e do patrimônio na carga tributária brasileira é baixa, atingindo apenas 23 e 4,6%, respectivamente, enquanto, em países desenvolvidos, essa participação na tributação da renda representa 70%.

Diante de inquietantes reflexões, que lançam flecha sobre a cultura jurídica europeia homogênea e hegemônica, que adestra o saber ocidental até hoje – o que revela traços sutis de um ainda colonialismo –, ao se falar em direito à justa tributação, como atrelado ao direito fundamental ao desenvolvimento, pergunta-se: qual critério de justiça será o balizador?

2. A RELAÇÃO FISCO-CONTRIBUINTE E OS DIREITOS FUNDAMENTAIS

A relação jurídica tributária é consubstanciada pelo vínculo jurídico que une a administração fiscal e contribuinte em torno de uma hipótese legal complexa, conhecida como hipótese de incidência, permeada de critérios necessários para a viabilização de sua concretização no mundo fenomênico.

Assim, a lei de instituição do tributo deve elencar todos os elementos necessários para a efetivação do ato de tributar pela administração fiscal, de forma clara e inteligível, visando, como fim maior, à viabilidade de cumprimento pelo contribuinte, enquanto outro polo daquela relação.

Em que pese tratar-se de uma relação complexa, por suas várias nuances, sintetizadas por Paulo de Barros Carvalho na regra matriz de incidência tributária (2004), a relação jurídica tributária deveria ser algo simples de se concretizar, através de um liame lógico-legal, decorrente da ocorrência fática do fato gerador de determinado tributo ou do exercício de atividade da qual se exija o cumprimento de deveres instrumentais.

Esta relação tributária foi harmonicamente estruturada na Constituição, na instituição do Sistema Tributário Nacional, em que são definidas as espécies tributárias, as situações fáticas que viabilizam sua incidência, as competências e, inclusive, a repartição das respectivas receitas.

Entretanto, a simplicidade almejada não é verificável, pois a atividade legislativa tributária oferece extremo grau de complexidade à compreensão das obrigações tributárias, sejam estas principais ou "acessórias", inclusive pela transferência de atividades que seriam essencialmente administrativas aos particulares, o que dificulta sobejamente seu cumprimento pelos contribuintes e torna quase impraticável o sucesso da relação jurídica tributária, enquanto relação harmoniosa.

Reconhecidamente, o Brasil possui uma das maiores cargas tributárias da América Latina[2] e uma das mais complexas do mundo,[3] causa de uma sensível dificuldade dos contribuintes em se adequarem às relações jurídicas tributárias das quais participam, e resultado da rigidez extrema com que a administração fiscal atua na cobrança do cumprimento das obrigações correspondentes.

2.1 A cooperação como manifestação de direito fundamental

São protegidas pelos direitos fundamentais as questões jurídicas que tenham alguma relação temática com dado direito fundamental.

Assim, tão somente se pode reconhecer a materialidade de incidência de um direito fundamental quando da observância do caso concreto, pois há a possibilidade de que inúmeras outras questões decorrentes estejam sob a guarda e proteção de um mesmo direito fundamental (VIEIRA DA ROCHA, 2017, p. 77).

A diagramação de um "sistema tributário" pela Constituição buscou a instituição da harmonia entre o Poder Público e os particulares na relação contributiva necessária à prestação de serviços essenciais pelo primeiro.

Ao erigir a limitação do poder de tributar como matéria constitucional, a Constituição estabeleceu garantias ao contribuinte que vão além do que expressamente é determinado na positivação do texto constitucional.

Nesse sentido, o próprio texto do *caput* do art. 150 da Constituição assim determina quando utiliza a expressão "sem prejuízo de

2 A carga tributária brasileira oscila em torno de 32% do seu Produto Interno Bruto (PIB), enquanto em outros países da América Latina a média cai para cerca de 22%, conforme pesquisa realizada pelo *site Politize* em junho de 2017. Disponível em: http://www.politize.com.br/carga-tributaria-brasileira-e-alta/. Acesso em: 11 dez. 2017.

3 O Brasil é um dos países com a maior quantidade de impostos e taxas do mundo, segundo pesquisa realizada pelo jornal *O Globo* em setembro de 2015. Disponível em: https://oglobo.globo.com/economia/de-30-nacoes-brasil-oferece-menor-retorno-dos-impostos-ao-cidadao-17555653. Acesso em: 11 dez. 2017.

outras garantias asseguradas ao contribuinte". É através desse véu que deve ser apreciado o direito do contribuinte a um relacionamento cooperativo, em que estejam presentes a transparência, a confiança e a boa-fé como deveres colaterais da relação jurídica tributária.

A fiscalização repreensiva atualmente praticada em várias localidades no mundo, inclusive no Brasil, desgasta a relação com os contribuintes, estes, que, por seu turno, buscam mercados mais flexíveis, que viabilizem segurança jurídica por meio da transparência e da cooperação, fundada na troca de informações, tudo isso como forma de proteção aos direitos fundamentais vinculados à tributação.

O contexto desgastado vivenciado atualmente por fisco e contribuintes na perpetuada e extremada relação bipolar em que se encontram demonstra, por parte dos últimos, o baixo índice de confiança nas instituições estatais.

Por outro lado, o Estado fiscal atua de forma repressiva ao contribuinte por entender que este está sempre destinado a burlar o fisco.

Em uma relação maniqueísta pregada pela sociedade brasileira atual, na qual apenas se classificam os seres em virtuosos e corruptos, a estes o contribuinte seria afeto (ROCHA, 2018, p. 508).

A relação entre fisco e contribuintes é baseada na desconfiança de ambos, o que acarreta a atuação incisiva e inflexível da administração tributária e a rejeição da tributação pelos contribuintes.

O ato de pagar tributo não é visto pelos contribuintes como exercício de cidadania fiscal, mas como forma de evitar a ação repressiva do Estado.

É nesse cenário que se aprecia o direito a uma relação tributária cooperativa como direito fundamental, a ensejar a necessidade de ações do fisco que viabilizem, no complexo sistema tributário atual, a conformidade voluntária dos contribuintes, tanto em relação às obrigações principais quanto aos deveres instrumentais.

Como introduzido acima, a cooperação entre fisco e contribuintes é necessária para obtenção do *compliance* tributário na medida adequada, ou seja, com o alcance da conformidade não pela atitude impositiva do fisco, mediante sanções incisivas e total descaso com o auxílio imprescindível para o cumprimento adequado das complexas obrigações tributárias.

Atualmente, a conformidade obtida pela administração tributária só ocorre quando o contribuinte, após sofrer por vezes com gravosa repreensão e penalidades severas, enfim procede de forma correta, sem a mínima relação cooperativa com o fisco.

É preciso, então, uma atitude diferenciada da Administração para criar no contribuinte um sentimento colaborativo. Esse sentimento, intimamente ligado à consciência fiscal, propicia o equilíbrio entre os objetivos perseguidos por fisco e contribuintes, um meio-termo, no qual os anseios de um serão correspondidos pelos limites do outro.

Não é oculto o interesse do Estado em arrecadar. As receitas viabilizam as prestações de serviços públicos ligados à segurança, educação, saúde, à manutenção dos Poderes da República e das próprias atividades fiscalizadoras, entre outras.

Essas receitas são fruto da arrecadação com tributos, o que somente pode ser viável mediante o cumprimento da legislação tributária pelos contribuintes.

O exercício da exação é, então, constitucionalmente permitido ao Estado, além de necessário à manutenção da sociedade. Porém, esse exercício é limitado pela própria Constituição, e outros diplomas normativos infraconstitucionais, que têm a função de conter o furor arrecadatório estatal, materializado nos atos de fiscalização e cobrança.

Por seu turno, os objetivos fundamentais dos contribuintes podem ser retratados na maximização dos lucros e no total gozo de sua liberdade patrimonial (ALMEIDA, 2017, p. 61).

Tais objetivos estão em desencontro com o interesse arrecadatório do Estado, cuja finalidade restringe a liberdade patrimonial e o lucro do contribuinte, que deverá arcar com a incidência tributária a depender da atividade exercida ou do negócio firmado.

Aqui reside a importância do equilíbrio entre os interesses antagônicos de fisco e contribuintes, como leciona Carlos Otávio Almeida (2017, p. 61):

> A zona de conflito entre esses grupos encontra nítida demarcação na legitimidade do lucro e no exercício da liberdade patrimonial individual que somente podem resultar da observância da legislação tributária e sua respectiva influência no decréscimo potencial de ambos os objetivos do contribuinte, pelo montante ofertado ao Estado.

Percebe-se que não podem ser sustentados interesses individuais de fisco e contribuintes, quando a própria Constituição definiu os objetivos fundamentais da própria República Federativa do Brasil, não se admitindo que este ou aquele julgue que seus interesses próprios sejam superiores àqueles definidos constitucionalmente.

Nesse contexto, há de se compreender as ideias de "praticabilidade" e "combate ao abuso", trabalhadas por Vieira da Rocha (2017, p. 162).

A primeira, entendida como a finalidade simplificadora que todo sistema tributário deve almejar, "consistente em uma finalidade administrativa concreta", e a última, compreendida sob o espectro do abuso de direito do contribuinte ao exercer suas atividades econômicas, consubstanciam bens coletivos constitucionais, que, por isso, "justificam mitigações a direitos fundamentais dos contribuintes" (VIEIRA DA ROCHA, 2017, p. 187).

Atualmente, a forma de repreensão da Administração tributária, demarcada por fiscalizações individuais, realizadas muito tempo após a prestação de informações do contribuinte ao fisco, representa importante fonte de recursos aos cofres públicos, mas são insuficientes para motivar o contribuinte à conformidade fiscal, e para cumprir o dever administrativo de praticabilidade tributária.

Por outro lado, é cada vez mais difícil ao contribuinte alinhar suas práticas e projetos com a conformidade fiscal exigida por desconformidade praticada anos antes, passando a buscar meios de furtar-se ao cumprimento de obrigações tributárias, normalmente por meio de ações eivadas de abuso de direito.

Para Carlos Otávio Almeida (2017, p. 65), as fiscalizações realizadas muito tempo após o cumprimento de obrigações principais e deveres instrumentais pelo contribuinte podem evidenciar que, naquele momento, quando este praticou os atos exigidos pela lei tributária, o fez de forma incompatível, sem conformidade, mas esse atuar pretérito não representa seu proceder atual, cujas práticas já tenham sido reformuladas para a obtenção da conformidade exigida.

O fisco, nesses casos, lança e promove a arrecadação ou o litígio, tudo isso por fatos passados, que não revelam mais a relação atual desse contribuinte com a Administração tributária.

Em resumo, o fisco estará sempre vários passos atrás, e o contribuinte nunca (ou somente muito tempo depois) será beneficiado por sua colaboração. Assim, abrevia-se a atividade reativa do fisco, distante do fato gerador por ser realizada muito tempo após sua concretização, e, em reação a esta, desmotiva o contribuinte a manter uma relação de cooperação e estar em conformidade.

Nesse contexto, não é possível ser vislumbrada efetiva cooperação entre fisco e contribuintes, exatamente pela violação ao dever administrativo de praticabilidade tributária.

O fisco torna a relação mais complexa por seus próprios atos, dificultando o cumprimento de regras pelo contribuinte e não premiando aquelas que são cumpridas. Quebra, portanto, a harmonia do sistema tributário, como assim disposto na Constituição.

Uma observação histórica a partir da década de 1960 indica que, nos primeiros trinta anos de modernização, a Administração fazendária atuou com rigor para a expansão da arrecadação tributária, considerando maior demanda por gastos públicos, a modernização do fisco pelos avanços tecnológicos e a responsabilidade passada ao Estado para a correção de falhas de mercado.

Já na segunda metade do período, a concorrência tributária internacional fez com que alguns países fossem mais amigáveis ao setor privado, e a Administração tributária passou a buscar melhor compreensão da realidade comercial e produtiva de empresas.

O momento atual demonstra-se, então, de transição, de um ambiente essencialmente conflitivo para outro, cooperativo, este sim alinhado com a natureza dos direitos fundamentais.

A incipiente mudança no trato fisco-contribuintes remonta ao ano de 2008, com a publicação *Study into the Role of Tax Intermediaries*, elaborada pelo Forum on Tax Administration – FTA da Organização para Cooperação e Desenvolvimento Econômico – OCDE (ALMEIDA, 2017, p. 60).

Com esse estudo foi concebido um novo modelo de relação entre fisco e contribuintes, cujos pilares estão na confiança e cooperação, cunhada inicialmente na expressão *enhanced relationship*, que, em julho de 2013, por ultrapassada, foi substituída pela expressão *cooperative compliance* (conformidade fiscal cooperativa), "cuja ideia é dar cumprimento à obrigação tributária principal (pagamento) na quantia certa e no tempo exato, por meio da cooperação, em via de mão dupla, entre a Administração fazendária e o contribuinte" (ALMEIDA, 2017, p. 61).

Nesse sentido, a atividade de fiscalização da Administração tributária, realizada mais próxima da ocorrência do fato gerador (*upstream*), deve focar propositalmente na viabilização da conformidade ("conformidade propositalmente planejada" – denominada *by design*) para obter a eficácia desejada.

Essa atuação "proposital" do fisco deve contemplar diálogo aberto, instrutivo, esclarecedor, e deve ser atual em relação ao fato gerador, direcionada exatamente para estimular a conformidade fiscal ("conformidade tempestiva e voluntária"), ao otimizar o *compliance* de forma econômica e minimizando os encargos do contribuinte, tudo isso mantendo o vínculo de confiança.

A relação cooperativa é, então, uma relação mais amigável entre fisco e contribuintes, desenvolvida proativamente em ambos os sentidos, com base nos seguintes pilares: por parte dos contribuintes, estes devem atuar com transparência suficiente para adequar-se ao espírito da lei e não somente a suas formalidades; já pelo fisco, é preciso demonstrar compreensão quanto ao ambiente concorrencial dos negócios, pois ações fiscais que não reconheçam a realidade negocial do contribuinte o expõem a prejuízos desnecessários; ter imparcialidade na edição de normas atinentes à legislação tributária; atuar de forma transparente, divulgando normas e decisões que confiram abertura ao sistema.

A atuação responsiva do fisco, ao tentar promover o diálogo diretamente com os contribuintes, almejando a previsibilidade do sistema, é, sem dúvida, um dos maiores sustentáculos desse novo ambiente colaborativo, pois reduz o grau de incertezas do sistema em sua integralidade e, consequentemente, os custos relacionados a provisionamento para gastos tributários inesperados.

As afirmações acima retratam uma visão funcionalista do direito, cujo objetivo é a melhor eficácia na relação deste com a sociedade.

Norberto Bobbio (*apud* PAULA, 2019, p. 3) já afirmava que premiações no lugar de punições podem conferir maior operacionalidade ao sistema jurídico. É que as premiações (também denominadas "sanções positivas") causam no ser humano maior empatia, solidariedade e sentimento de colaboração.

Nesse sentido, existem estudos científicos (curva de Lafer) que demonstram inclusive existir alíquotas que, se utilizadas, inviabilizam a tributação, por se tornarem inatingíveis e, assim, favorecerem a sonegação, independentemente da sanção imposta. Surge, então a necessidade de serem enfocados temas como "psicologia fiscal" e "economia comportamental", para ser alcançado um nível satisfatório de cooperação entre fisco e contribuintes e ser garantida a efetividade de um sistema tributário.

Assim, os direitos fundamentais mais reconhecidos configuram serviços essenciais prestados pelo Estado, custeados por meio da tributação, o que pressupõe, em seu núcleo, uma relação harmoniosa entre fisco e contribuintes, pelo que qualquer atentado a essa relação harmoniosa configura, em seu âmago, ofensa a direito fundamental.

2.2 O "dever" de consciência fiscal

Realmente, a arrecadação tributária se realiza em um ambiente de constante litigiosidade e animosidade (ROCHA, 2018, p. 508), pelo que a relação jurídica tributária sempre foi marcada pela desconfiança de ambas as partes.

Do seu lado, o contribuinte discorda da invasão do Estado em seu patrimônio com "fúria arrecadatória"; já o Estado deve manter-se vigilante contra fraudes e simulações utilizadas pelos contribuintes para abster-se das exações, em elusões ou evasões fiscais.

Essa relação conflituosa somente inspira a manutenção da desconfiança de ambos os lados, o que impede o estabelecimento de uma relação baseada na cooperação mútua.

A desconfiança é prejudicial para ambas as partes, pois dificulta o alcance da justiça fiscal – tema que será melhor debatido em linhas seguintes –, e, ao contrário, favorece a atuação repreensiva do fisco em contrapartida à tentativa de fuga dos contribuintes ao pagamento de tributos, configurando ofensa aos direitos fundamentais na forma como encarados linhas acima.

Por esses motivos, as normas tributárias foram classificadas por Ives Gandra Martins (1998) de "normas de rejeição social", pois dificilmente seriam cumpridas sem uma sanção repreensiva.

A invasão da Administração fiscal em outras searas, como a restrição de direitos justificada pela inadimplência de créditos tributários, por exemplo, inviabiliza a cooperação entre fisco e contribuintes, tornando a norma tributária cada vez mais rejeitada pela população ("normas de rejeição sociais") e consequentemente inviabilizando a "consciência fiscal" dos contribuintes (GODOI, 2011).

Difícil seria outra forma de conceber a relação jurídica tributária, diante do cenário delineado pela própria Administração fiscal nas últimas décadas.

Com grande parte dos lançamentos dos tributos constituindo-se sob a espécie "por homologação", a Administração transfere ao contribuinte todo o exercício da materialização econômica do tributo e do dever do pagamento correspondente, isto é, o contribuinte realiza uma atividade solitária no caminho do cumprimento das obrigações principais e dos deveres instrumentais.

> Tempos atrás, os fiscais fiscalizavam. Pediam documentos e informações e investigavam a situação fiscal das empresas. Atualmente não é bem isso que acontece. Por mais que esteja tudo – ou quase tudo – no sistema, que as obrigações acessórias tenham se multiplicado e digitalizado, que os cruzamentos de informações dos diversos contribuintes sejam bastante eficientes, ainda assim, na hora de fiscalizar, a autoridade administrativa transfere para o contribuinte o seu trabalho: "me faça um arquivo em Excel com as características XYZ listando as informações ABC neste formato" (ROCHA, 2018, p. 517).

Aqui reside o flagrante atentado à relação harmônica fisco-contribuinte, enquanto assim fixada na Constituição, pois por meio da transferência, pela Administração fiscal aos contribuintes, de suas próprias atribuições, o Estado torna essa relação extremamente complexa, não transparente e repetitiva, o que em último grau retira a capacidade de o contribuinte desenvolver uma consciência fiscal, esta que resultaria no sentimento de pagamento para a sociedade e não para o Estado (ROCHA, 2018).

Perante a complexidade de incidência de determinados tributos, é flagrante a incerteza sobre o correto cumprimento dessas obrigações. Nesse caso, havendo erro na apuração de incidência do tributo e/ou em seu pagamento, a Administração fiscal não só exigirá o tributo em seu valor correto (a maior normalmente) como aplicará multa pelo descumprimento da obrigação tributária.

Em síntese, o contribuinte, que não sabe como realizar o pagamento do tributo dada a complexidade da exação, além de ter corrigido o valor, ainda tem sua dedicação em realizar trabalho tão hercúleo premiada com o pagamento de multa pelo cumprimento inadequado.

Essa realidade parece soar para a população como um injusto benefício auferido pela administração (arrecadação do tributo normalmente em valor superior somado à multa) por sua própria omissão em orientar a correta arrecadação.

Por óbvio, o contribuinte penalizado não sentirá, em seu íntimo, nenhuma vontade de pagar tributo como um dever social; ao contrário, entenderá a atuação do fisco como uma repreensão por seu ato de buscar a formalidade de suas operações.

Perceba-se que no caso mencionado fala-se de contribuintes que buscam o cumprimento de suas obrigações fiscais, mas que, por desconhecimento de um conjunto de normas de extrema complexidade, não procederam da forma mais adequada.

Não se está aqui retirando a responsabilidade de cumprimento das normas tributárias pelos contribuintes, necessárias como modelo de participação social; tampouco se entoam louvores à conduta daqueles que sequer buscam o cumprimento de suas obrigações tributárias – estes, incidentes no ilícito. A análise se faz diante da real complexidade que envolve o adequado cumprimento da norma tributária por aqueles contribuintes que buscam a conformidade tributária e não a alcançam.

Thiago da Silva Fonseca (2010, p. 9) afirma que as limitações ao poder de tributar, impostas pela Constituição, que garantem ao contribuinte a arrecadação pelo Estado com impacto mínimo sobre a iniciativa privada, bem como a transparência das relações jurídicas tributárias, são hábeis a criar um vínculo mútuo de confiança entre fisco e contribuintes, influenciando diretamente na aceitação do pagamento do tributo como dever social compartilhado.

Não se trataria de uma solidariedade social vinculada à caridade ou filantropia, mas aquela formada a partir de "pilares de sustentação da sociedade", como definido por Seabra de Godoi (2005, p. 148):

> Por pilares de sustentação da sociedade entendemos o que Rawls denomina de estrutura básica: instituições jurídicas e sociais (constituição política, direitos de propriedade, direitos de família) que distribuem os direitos e deveres fundamentais e moldam a divisão entre os indivíduos dos benefícios gerados pela cooperação social.

Sérgio André Rocha (2018) considera as limitações ao poder de tributar sob a perspectiva das concepções da legalidade. Para tanto, traz à baila os ensinamentos de Marco Aurélio Greco sobre os três papéis da legalidade: legalidade-libertação, legalidade-dominação e legalidade-emancipação.

Na primeira concepção, o princípio da legalidade é aplicado para a proteção do contribuinte contra o poder estatal de constrição patrimonial. Na segunda, o poder estatal passa a utilizar a lei como mecanismo de dominação, já que, por não haver formas de controle do conteúdo das leis, estas podem livremente proteger os interesses arrecadatórios do Estado, criando novos tributos ou conferindo maiores prerrogativas ao crédito tributário. Na terceira, o contribuinte deixa de ser objeto da lei, por criar em si uma consciência fiscal, e passa a ser agente da construção da cooperação mútua, levando a um novo desenho da relação fisco-contribuinte.

Há a necessidade de criação de um ambiente de confiança para que se estabeleça um novo tipo de relação entre fisco e contribuintes, em que o fisco não busque defender suas posições por meio de alterações legislativas que regulamentem exclusivamente seus anseios (ROCHA, 2018, p. 510).

O ambiente de desconfiança firmado entre fisco e contribuintes tem início no próprio processo de criação de normas (seja o processo legislativo ou a normatização pelos órgãos exatores), uma vez que estes buscam, por meio da estruturação da legislação tributária, atender a seus próprios interesses, isto é, utilizam-se do mesmo abuso de direito que buscam frear na apreciação da atuação dos contribuintes mediante planejamentos tributários ditos agressivos.

A ideia de consciência fiscal, representada pelo pagamento voluntário de tributos, deve estar diametralmente distante da desconfiança que hoje rege a relação fisco-contribuintes, não sendo possível falar em *compliance* tributário se prevalecer o entendimento de que as normas respectivas somente podem ser cumpridas mediante pesadas sanções.

A consciência fiscal deve estar intrinsecamente vinculada à transformação de hábitos, tanto da administração fiscal quanto dos contribuintes, passando da concepção de "coação para voluntarismo" e da concepção de "pagamento para o Estado" para "pagamento

Evidencia-se a apatia do contribuinte para pagar tributos em face do furor do fisco para arrecadá-los, elegendo a falta de confiança como critério estratégico para que as normas tributárias sejam consideradas normas de rejeição social.

Atualmente, os contribuintes não se sentem "psicologicamente motivados" ao cumprimento de suas obrigações tributárias, pelo que pretendem abster-se de seu cumprimento.

Diante dessa massa de contribuintes descrentes no Estado, a autoridade fiscal, considerando o modelo do sistema brasileiro, tende a responder com "mais controle e mais repressão para a sociedade" (ROCHA, 2018, p. 512).

A litigiosidade arraigada no sistema tributário brasileiro está também fincada na mentalidade daqueles que de alguma forma participam do sistema. Contribuintes e servidores da Administração fiscal vivem um duelo, em que um vê no outro um "adversário a ser abatido", e a relação passa a se perpetuar de forma dicotômica (ALMEIDA, 2017, p. 63).

De fato, os interesses de fisco e contribuintes são antagônicos, pois, enquanto o fisco exige do contribuinte a prestação pecuniária, este exige do fisco o direito de somente pagá-la quando realizar o fato gerador do tributo, assim disposto em lei.

Mas esses interesses não são contrários quando se tem como pano de fundo o bem comum da sociedade. Daí que a cooperação entre fisco e contribuintes assume o papel de requisito crucial para a existência de um efetivo *compliance* tributário.

A disposição de cada uma das partes, fisco e contribuintes, para cooperar deve ser motivada pela satisfação dos próprios interesses, estes que, em último grau, são correspondentes e complementares entre si.

2.3 A relação cooperativa como forma de Justiça Fiscal

A ideia de justiça sofreu várias mudanças ao longo da evolução da espécie humana e das sociedades.

Desde a concepção grega, vinculada às leis naturais – a justiça em Aristóteles como a mais preciosa das virtudes –, passando pela sua ligação direta com a liberdade, na concepção romana, e alcançando a ideia de manifestação expressa da força normativa do direito, a fim de torná-lo exigível, a justiça está intimamente ligada à viabilidade de exercício de direitos fundamentais, assim dispostos nas constituições de cada Estado, tais como igualdade, liberdade e solidariedade (FONSECA, 2010).

É nesse contexto que se encontra o termo "justiça fiscal", representado pelo equilíbrio entre o poder estatal de exigir o tributo e o dever individual de adimpli-lo.

Um ambiente em que se possa afirmar a existência de justiça fiscal é obtido inicialmente pelas regras referentes à limitação constitucional do poder de tributar, as quais retratam a proteção dos contribuintes diante do poder imperativo do Estado.

As limitações ao poder de tributar vinculam tanto o fisco quanto os contribuintes em cada uma de suas responsabilidades diante da relação jurídica tributária.

Contudo, não só as regras postas na Constituição impõem limitações ao poder de tributar como também os princípios de Direito Tributário constitucionalmente implícitos, que funcionam como garantias derivadas da própria relação obrigacional tributária.

Nesse contexto, a transparência, a boa-fé e a confiança são exemplos de princípios implícitos que devem amparar a relação havida entre fisco e contribuintes (FONSECA, 2010, p. 6).

Nessa linha de argumentação, se a garantia de uma relação obrigacional tributária cooperativa for considerada um princípio constitucional implícito (direito fundamental), a efetividade dessa relação poderia ser, então, exigida como mérito de tutela jurisdicional?

Considerando que essa relação cooperativa deve partir inicialmente pelo fisco, como demonstrado, poderia o contribuinte exigi-la judicialmente, como forma de garantia de direito fundamental?

Mais ainda, poderia a relação de cooperação entre fisco e contribuinte alcançar um patamar de diálogo a ponto de algumas questões serem resolvidas por meios alternativos de resolução de conflitos, como a arbitragem? As questões retóricas se põem para despertar o raciocínio.

A relação de confiança entre fisco e contribuintes, enquanto base da conformidade cooperativa, deve ser efetivada como realização de justiça fiscal e, portanto, como uma das finalidades a ser perquirida pela República brasileira.

E, para isso, deve possuir o grau de concretude necessário para que possa vir a ser objeto de tutela jurisdicional, por meio das garantias constitucionais para o exercício de direito fundamental, o que de fato é.

Para Ricardo Lobo Torres (2006), a transparência, como causa de credibilidade, legitima o poder de tributar, e é uma certeza de direitos e obrigações mútuas meio a relação jurídica tributária, reduzindo os riscos fiscais e subordinando ambas as partes.

Em face da credibilidade que deve sustentar a relação fiscal, Tiago da Silva Fonseca (2010, p. 8) retratou o cenário de proteção à confiança especialmente quando uma parte gera expectativas quanto a seu proceder na outra e não as supre, agindo de modo contraditório, afastando-se da segurança jurídica que deve balizar a relação.

Há inclusive a possibilidade de reparação de quaisquer das partes, com a imputação do dever de indenizar, quando faltar com a confiança necessária nessa relação (FONSECA, 2010, p. 8):

> Sendo impossível preservar a relação jurídica nos termos em que fora definida ou reconstruir a situação jurídica existente à época da quebra da confiança, nasce o dever de indenizar

> para aquele que foi responsável pela ação contraditória e o direito de ser indenizado pelo prejudicado que confiou.

A confiança exigida pelo *compliance* cooperativo é parte da estrutura basilar da justiça fiscal.

Assim, contribuintes devem compreender que fazem parte da estrutura contributiva do Estado, além de possuir o dever moral de colaborar com a solidariedade social, mediante a garantia de que seu pagamento será revertido em favor da coletividade.

Por seu turno, o Estado deve honrar o compromisso de destinar suas receitas para o bem comum, cumprindo seu papel no pacto pela solidariedade social, agindo com transparência e colaboração para viabilizar o efetivo cumprimento das obrigações pelo contribuinte.

CONCLUSÃO

O direito a uma relação cooperativa (*compliance* tributário) deve ser encarado como direito fundamental, seja pelo fato de haver um sistema diagramado na Constituição, completamente integrado, que não espelha a complexidade da relação tributária vivenciada hoje, sendo esse fato alheio ao sistema e, portanto, ofensivo a direito fundamental, seja pelo fato de os direitos fundamentais mais reconhecidos (à vida, à saúde, à segurança, à educação, à moradia etc.) configurarem serviços essenciais prestados pelo Estado, custeados pela tributação, que pressupõe, em seu núcleo, uma relação harmoniosa entre fisco e contribuintes. Qualquer atentado a essa relação harmoniosa configura, em seu âmago, ofensa a direito fundamental.

A ideia de consciência fiscal, representada pelo pagamento voluntário de tributos como forma de solidariedade social, é oposta à desconfiança que hoje rege a relação fisco-contribuintes, não sendo possível falar em *compliance* tributário se prevalecer o entendimento de que as normas respectivas somente podem ser cumpridas mediante pesadas sanções.

É necessária a cooperação entre fisco e contribuintes para obtenção do *compliance* tributário na medida adequada, afastando-se cada vez mais da litigiosidade e da rivalidade que atualmente adjetivam essa relação.

Esse ambiente colaborativo somente poderá ser alcançado com a modificação de posturas de ambos os polos da relação jurídica tributária.

Por parte do fisco, é preciso uma atitude diferenciada, capaz de criar no contribuinte um sentimento cooperativo e de confiança em sua responsividade.

Pelo lado do contribuinte, a certeza de que poderá contar com o apoio da própria Administração fiscal para elucidar as questões relativas à tributação, e, ainda, de que sua cooperação retornará em benefícios à sociedade, além do efetivo e tempestivo cumprimento de obrigações principais e deveres instrumentais.

REFERÊNCIAS BIBLIOGRÁFICAS

ALMEIDA, Carlos Otávio Ferreira de. *Compliance* cooperativo: uma nova realidade entre administração tributária e contribuintes. *Revista Direito Tributário Internacional Atual*, São Paulo, n. 2, p. 58-82, 2017.

ARISTÓTELES. *Ética a Nicômaco*. 4. ed. Brasília: Universidade de Brasília, 2001.

BUFFON, Marciano; COSTA, Bárbara Josana. Do Estado de Bem-Estar Social para o neoliberalismo. *Revista Estudos Legislativos*, n. 8, 2016.

CARVALHO, Paulo de Barros. *Direito tributário*: fundamentos jurídicos da incidência. 3. ed. rev. e atual. São Paulo: Saraiva, 2004.

CARVALHO, Paulo de Barros. *Direito tributário, linguagem e método*. São Paulo: Noeses, 2008.

ELEUTÉRIO, Júlia Melim Borges Eleutério. Tributação justa como direito fundamental: por uma redução da desigualdade social. *Revista de Direito Empresarial - RDEmp*, Belo Horizonte, ano 12, n .2, p. 197-210, maio/ago. 2015.

FEITOSA, Maria Luiza Alencar Mayer. Exclusão social e pobreza nas interfaces entre o direito econômico do desenvolvimento e o direito humano ao desenvolvimento. *Revista sobre Desenvolvimento*, 2013. p. 103.

FONSECA, Tiago da Silva. O tributo como dever social compartilhado e como instrumento de distribuição de bens e direitos: um ensaio sobre a justiça fiscal. *Revista Fórum de Direito Tributário - RFDT*, Belo Horizonte, ano 8, n. 48, nov./dez. 2010.

GODOI, Marciano Seabra de. *Justiça, igualdade de direito tributário*. São Paulo: Dialética, 1999.

GODOI, Marciano Seabra de. Sanções políticas. *In: Crítica à jurisprudência atual do STF em matéria tributária*. São Paulo: Dialética, 2011.

GODOI, Marciano Seabra de. Tributo e solidariedade social. *In*: *Solidariedade social e tributação*. São Paulo: Dialética, 2005.

MARTINS, Ives Gandra da Silva. *Teoria da imposição tributária*. 2. ed. São Paulo: LTr, 1998.

MASCARENHAS, Paulo. *Manual de direito constitucional*. Disponível em: http://www.paulomascarenhas.com.br/manual_de_direito_constitucional.pdf. Salvador, 2008. Acesso em: 22 ago. 2019.

MENDES, Gilmar Ferreira; BRANCO, Paulo Gustavo Gonet. *Curso de direito constitucional*. 9. ed. São Paulo: Saraiva, 2014.

ORGANIZAÇÃO DAS NAÇÕES UNIDAS. Assembleia Geral. Resolução n. 21/128, de 4 de dezembro de 1986.

PAULA, Daniel Giotti de. O dever estatal de conformação entre complexidade e conformidade tributárias. *Jota*, abr. 2019.

PAULANI, Leda Maria. Neoliberalismo e individualismo. *Economia e Sociedade*, v. 8, n. 2, p. 115-127, 2016.

RAMOS FILHO, Carlos Alberto de Moraes. A concepção aristotélica de "justiça" e o Direito Tributário Brasileiro. *Revista da Procuradoria Geral do Estado*, Manaus: Imprensa Oficial do Estado do Amazonas, p. 15-31, 2019.

ROCHA, Sérgio André. Reconstruindo a confiança na relação fisco-contribuinte. *Revista de Direito Tributário Atual*, São Paulo, n. 39, p. 507-527, 2018.

SANTIAGO, Igor Mauler. O direito fundamental de economizar impostos. *Revista Eletrônica do Curso de Direito – PUC Minas Serro*. Disponível em: http://periodicos.pucminas.br/index.php/DireitoSerro/article/view/7521/0. Acesso em: 23 set. 2017.

SANTOS, Boaventura de Sousa. Os conceitos que nos faltam. *Revista Outras Palavras*, 2018.

SEN, Amartya. *Desenvolvimento como liberdade*. São Paulo: Companhia das Letras, 2000.

TORRES, Ricardo Lobo. *Curso de direito financeiro e tributário.* 10. ed. Rio de Janeiro: Renovar, 2003.

TORRES, Ricardo Lobo. Liberdade, consentimento e princípios de legitimação do Direito Tributário. *Revista Internacional de Direito Tributário*, Belo Horizonte, v. 5, 2006.

VARSANO, Ricardo; PESSOA, Elisa de Paula; SILVA, Napoleão Luiz Costa; AFONSO, José Roberto Rodrigues; ARAÚJO, Érika Amorim; RAIMUNDO, Julio César Maciel. *Uma análise da carga tributária no Brasil.* Brasília, Instituto de Pesquisa Econômica Aplicada – IPEA, n. 583, 1998. p. 18. Disponível em: www.ipea.gov.br. Acesso em: 2 fev. 2015.

VIEIRA DA ROCHA, Paulo Victor. *Teoria dos direitos fundamentais em matéria tributária*: restrições a direitos do contribuinte e proporcionalidade. São Paulo: Quartier Latin, 2017.

VILLEY, Michel. *Filosofia do direito*: definições e fins do direito. Os meios lógicos do direito. São Paulo: Martins Fontes.

Capítulo 8

Tutela jurisdicional da autonomia existencial:
judicialização ou ativismo?

Wendelson Pereira Pessoa

SUMÁRIO

INTRODUÇÃO

A Constituição de 1988 produziu uma virada metodológica no direito civil, com ênfase na despatrimonialização e na repersonalização desse ramo do direito.

Especificamente em relação à autonomia existencial, um dos elementos da autonomia privada, a pluralidade política, a liberdade e a dignidade humana convergem para a valorização de variadas cosmovisões com ênfase na autorreferência.

Não obstante, a legislação ordinária não acompanhou essa mudança metodológica.

Nessa linha de argumentação, este artigo defende a legitimidade da tutela jurisdicional da autonomia existencial, partindo da premissa de que não há que se falar em ativismo judicial nas hipóteses em que a Constituição é aplicada diretamente nas relações particulares existenciais em face de omissão da legislação ordinária.

Inicialmente, pretende-se mostrar que a constitucionalização do direito civil implicou mudança paradigmática que abandonou a ideia de autonomia da vontade em função da autonomia privada.

Posteriormente, será analisada a autonomia existencial enquanto espaço de valorização da cosmovisão do indivíduo, o que implica uma atuação positiva do Estado especialmente em relação à tutela jurídica das individualidades.

Na sequência será mostrado como a jurisdição constitucional cresceu a partir do pós-guerra, sendo ressaltado que no Brasil todo juiz exerce parcela da jurisdição constitucional em função do controle de constitucionalidade difuso.

Em conclusão, será defendida a tese central de que o Judiciário, ao aplicar a Constituição em favor da autonomia existencial, não exerce postura ativista, mas tão somente exerce sua função institucional de tutela dos direitos individuais.

1. DA AUTONOMIA DA VONTADE À AUTONOMIA PRIVADA

O princípio da autonomia da vontade, soberano no período do Estado Liberal, recebeu uma releitura no Estado Social e passou a ser ressignificado como autonomia privada. Contudo, referida distinção não englobou as vicissitudes decorrentes do reconhecimento dos direitos de natureza existencial, mas especificamente a autonomia existencial.

Antes de discorrer acerca do princípio da autonomia da vontade, cumpre esclarecer a relação entre a legislação civilista e as constituições.

A Revolução Francesa é o marco histórico fundamental para entender essa relação, porque inaugura o constitucionalismo moderno, caracterizado pela existência de cartas constitucionais escritas, ao mesmo tempo que possibilita as condições materiais para a codificação empreendida pelo Código Napoleônico de 1804.

Nessa fase, as constituições não passavam de meras cartas políticas, sem força jurídica vinculante, enquanto o Código Civil é que efetivamente tutelava as relações entre os particulares.

A autonomia da vontade era um princípio fundante do Direito Civil, ao longo dos oitocentos, inspirado na concepção de Estado Liberal.

A ideologia liberal priorizava o indivíduo como centro das relações jurídicas, deixando ao largo os interesses sociais.

O interesse público se consubstanciava na proteção de exercício dos interesses particulares. Do ponto de vista jurídico, estava em vigência o dogma da autonomia contratual, não podendo o Estado interferir na autonomia da vontade dos contratantes.

Assim, a autonomia da vontade deveria ser assegurada pelo Estado, que se conformava com a mera igualdade formal dos contratantes. Nesse contexto, a autonomia patrimonial era resguardada por meio de mera tutela negativa em face do Poder Estatal.

Importa ressaltar que a colocação do indivíduo no centro do sistema não acarretou a mesma autonomia no âmbito das relações não patrimoniais.

Com efeito, o centro da tutela jurídica eram as relações patrimoniais, que deveriam ser protegidas da interferência do Estado para garantia da vontade dos sujeitos iguais, formalmente buscando garantir a circulação de riquezas.

Todavia, em relação às relações existenciais, especialmente os direitos de personalidade e de família, não se verificou significativa alteração no Estado Liberal, não sendo exagero dizer que permaneceram profundamente influenciadas pelo Direito Canônico medieval.

Contudo, o Direito Civil passou a sofrer profundas mudanças com a industrialização da Europa e suas consequências negativas nas condições de vida e trabalho. Especialmente após a Primeira Guerra, a não intervenção do Estado nas relações contratuais acarretou situações contratuais insustentáveis, ocasionando o ressurgimento da cláusula *rebus sic stantibus*.

Os contratos firmados antes do período entre guerras precisaram sofrer adequações, tendo em vista que os contratantes tinham perdido suas condições de produtividade ante os esforços de guerra.

Nesse contexto, manter os pactos na forma em que firmados trariam mais prejuízo que benefícios à ordem econômica. Assim, a autonomia da vontade perdeu o *status* de princípio central do ordenamento jurídico civilista, ocorrendo a funcionalização do direito.

Após a Segunda Guerra, a Europa vivenciou um novo momento em seu direito, passando a Constituição a ocupar o centro do ordenamento jurídico. Ademais, os direitos fundamentais foram elevados à condição de normas fundantes dos demais direitos, ocasião em que despontaram os direitos de personalidade e a autonomia existencial.

O Estado Democrático de Direito é o paradigma decorrente da superação das concepções de Estado Liberal e Estado Social, com a imbricação do Estado de Direito com a legitimação democrática. Dessa forma, para além da recepção do princípio da legalidade e do reconhecimento de direitos sociais, ganha relevo a legitimação do poder pelo povo:

> Assim, no Estado Democrático de Direito, além de limitação ao poder do Estado pelo princípio da legalidade, que já se encontrava presente no Estado Liberal, e do reconhecimento de direitos sociais mínimos, semelhantes ao Estado social, foi introduzido o "elemento democrático", em virtude da necessidade de legitimação (e controle) desse poder pelo povo, assegurando o direito de igual participação na formação da vontade popular, por meio de direitos e garantias fundamentais. Portanto, mais do que uma variante na evolução histórica, o Estado Democrático de Direito faz uma "síntese das fases anteriores" e supera as lacunas dos Estados Liberal e Social, pois representa um "*plus* normativo" ao agregar a democracia e o respeito aos direitos fundamentais como "condição de possibilidade" (NOGUEIRA, Alberto. Direito constitucional das liberdades públicas. Rio de Janeiro: Renovar, 2016, p. 27).

2. A AUTONOMIA EXISTENCIAL

A partir do influxo principiológico do constitucionalismo pós-guerras, em especial os princípios da dignidade humana, da liberdade e da pluralidade política, deve-se entender que a autonomia existencial passou a configurar um espaço de salvaguarda do indivíduo contra o paternalismo estatal, devendo ser consideradas legítimas apenas as limitações estatais existenciais impostas pela intersubjetividade.

De início, faz-se mister diferenciar as relações existenciais das relações patrimoniais, pois a instrumentalidade das relações patrimoniais serve ao objetivo de solidariedade social. No entanto,

> Situação diferente ocorre nas situações jurídicas existenciais, cujo objetivo é a realização direta da dignidade, conforme as próprias aspirações, valores e *modus vivendi*; enfim têm como função imanente a livre realização da personalidade, segundo o estilo de vida individual. As situações patrimoniais têm função social e as existenciais, apenas função pessoal – se é que pode atribuir a elas algum tipo de função (TEIXEIRA, 2018, p. 75).

A autonomia existencial tem como principais fundamentos constitucionais a dignidade humana, o pluralismo político, a liberdade, a intimidade e a vida privada. A dignidade humana é a principal responsável pela virada metodológica que repersonalizou o Direito Civil. Com efeito, é a partir do art. 5º da Constituição que devem ser lidos os institutos cíveis.

O princípio constitucional da dignidade da pessoa humana, centro do sistema normativo, deve ser compreendido como uma cláusula geral de tutela do ser humano, o que significa que o ordenamento jurídico faculta a realização da pessoalidade de acordo com sua cosmovisão e a partir dos valores eleitos por cada um como fundamentais para seu modo de vida:

> A propósito dos direitos da personalidade, um de seus aspectos mais interessantes, e problemáticos, consiste no fato de que se evidenciam sempre novas instâncias concernentes à personalidade do sujeito, não previstas nem previsíveis pelo legislador, de modo que estes interesses precisam ser tidos como uma categoria aberta. De fato, a

> uma identificação taxativa dos direitos da personalidade opõe-se a consideração de que a pessoa humana e, portanto, sua personalidade configura-se como um valor unitário, daí decorrendo o reconhecimento pelo ordenamento jurídico de uma cláusula geral a consagrar a proteção integral da sua personalidade, isto é, a pessoa globalmente considerada. O conceito é, então, elástico, abrangendo um número ilimitado de hipóteses; e somente encontra os limites postos na tutela do interesse de outras personalidades (MORAES, 2018, p. 4).

A pluralidade política[1], preceito de envergadura constitucional, possibilita a convivência das mais divergentes cosmovisões, não apenas políticas, mas acima de tudo existenciais, possibilitando à pessoa a mais ampla gama de escolhas autorreferentes.

Assim, argumenta Ana Carolina Brochado Teixeira (2018), não é possível um conceito universal e apriorístico de dignidade, pois, em um mundo plural, cada um tem o direito de construir a própria dignidade e viver de acordo com esta.

Por sua vez, a liberdade, em uma perspectiva positiva, impõe ao Estado o dever de prestações materiais ou jurídicas para tutelar a igualdade material de vulneráveis.

Em sociedade democrática, consiste em dever estatal assegurar a liberdade individual por meio de prestações jurídicas. Nesse sentido, grupos tidos por socialmente vulneráveis, tais como idosos, crianças, adolescentes e deficientes, dispõem de legislações próprias que lhes asseguram tratamento diferenciado na busca da igualdade material e consequente liberdade.

Com efeito, a autonomia existencial passa a ser o espaço no qual o Estado não pode arbitrar o modo mais correto de vida às pessoas, sob pena de infantilizar o indivíduo.

Não se desconhece que a autonomia existencial deve ser sopesada de correlata responsabilidade por suas escolhas. Todavia,

[1] Art. 1º A República Federativa do Brasil, formada pela união indissolúvel dos Estados e Municípios e do Distrito Federal, constitui-se em Estado Democrático de Direito e tem como fundamentos: [...] V – o pluralismo político.

apenas na medida em que o Estado Democrático de Direito impõe a convivência de escolhas autorreferentes é que se pode falar em limitações legítimas da autonomia existencial. Assim, a intersubjetividade é o limite legítimo da autorreferência.

Nada obstante, em face da diversidade de cosmovisões amparadas pelo princípio da dignidade humana, seria impossível o Estado disponibilizar normativas para todas as possibilidades.

Dessa forma, opções de vida não condizentes com a opinião majoritária da sociedade ficam desprotegidas juridicamente, visto que seus pleitos não são alcançados pelo processo legislativo ordinário, que é, por definição, expressão da maioria.

3. A CONCEPÇÃO MODERNA DE JURISDIÇÃO

Para entender como a aplicação direta da Constituição nas relações particulares existenciais não implica criação judicial do direito, mas mero desempenho de papel institucional, faz-se necessário compreender como o Estado Constitucional de Direito modificou a concepção clássica de jurisdição.

O papel institucional do Poder Judiciário variou conforme o modelo de Estado vigente. Após a Revolução Francesa, teve-se a ascensão do Estado Liberal de Direito, sendo o princípio da legalidade o principal instrumento tanto de combate aos privilégios e instituições do Antigo Regime quanto DE garantia da liberdade dos cidadãos perante o Estado.

Com efeito, somente com a autorização da lei, sendo certo que esta seria a expressão da vontade do povo, é que seria possível interferir na esfera de liberdade dos indivíduos.

Nesse contexto, a ideia clássica de jurisdição reservava um papel de clara subordinação do órgão julgador à lei.

A Revolução Francesa (1789) impregnada pelos ideais iluministas de Montesquieu e Rousseau reformula as concepções de lei e do papel dos juízes.

Em Rousseau (1999), o Antigo Regime é superado pela nova concepção de que a lei é fruto de um contrato social, no qual os súditos em condições de igualdade abdicam de parcela de sua liberdade em nome do pacífico convívio social.

Montesquieu esquadrinha a moderna concepção de rígida separação de funções do Estado e determina o papel dos juízes "como apenas a boca que pronuncia as palavras da lei, seres inanimados que não podem moderar sua força, nem seu rigor" (MONTESQUIEU, 1993, p. 179).

Nessa linha de argumentação, ao Poder Judiciário competia apenas a declaração do conteúdo da lei, a qual já continha todo o direito a ser interpretado. Comungava-se da crença de que o Código Civil napoleônico sintetizaria racionalmente o direito, cabendo ao juiz a atividade cognoscente de descrever o direito já integralmente contido na lei. Havendo dúvidas quanto à aplicação do direito, caberia ao juiz levar o caso ao Legislativo por meio do "referendo legislativo".

A concepção de que o direito está contido exclusivamente no texto da lei é uma característica marcante do positivismo jurídico. Com efeito, o positivismo jurídico, em especial a Escola da Exegese, pontificava que a interpretação jurídica como atividade cognoscente da interpretação única e correta da lei, a partir da busca da vontade do legislador.

Ademais, a aplicação da lei aos casos concretos deveria ocorrer formalmente por meio de simples silogismo, por meio de mera dedução da premissa legal ao caso concreto.

Contudo, a leitura constitucional da legislação, a partir do Estado Constitucional de Direito, importa releitura do papel institucional do Judiciário.

Enquanto na concepção liberal, o direito estaria contido na lei, o Estado Constitucional de Direito é fundado na premissa de que a lei deve ser conformada pela Constituição e pelos direitos fundamentais. De efeito, não se reconhece mais a supremacia absoluta da lei.

Consoante já demonstrado, antes do pós-guerras vigorava na maior parte da Europa um modelo de supremacia do Poder Legislativo, na linha da doutrina inglesa de soberania do Parlamento e da concepção francesa da lei como expressão da vontade geral.

No entanto, ao final da década de 1940, em face da Declaração

Universal dos Direitos Humanos, as constituições passaram a conter direitos fundamentais que não poderiam ser suprimidos pelo Poder Legislativo:

> A fórmula envolvia a constitucionalização dos direitos fundamentais, que ficavam imunizados em relação ao processo político majoritário: sua proteção passava a caber ao Judiciário. Inúmeros países europeus vieram a adotar um modelo próprio de controle de constitucionalidade, associado à criação de tribunais constitucionais. (BARROSO, 2017, p. 5).

Nessa esteira, os dogmas positivistas da interpretação como atividade meramente cognitivista, bem como da aplicação do direito como mero formalismo subsuntivo, restam também superados. A partir da distinção entre texto e norma, concebeu-se que a norma jurídica é o resultado da interpretação, não seu objeto:

> Interpretar significa adscrever sentido a um texto ou a elementos não textuais da ordem jurídica, o que implica necessariamente o reconhecimento de sentidos mínimos com que as palavras são utilizadas, a valoração das razões que militam a favor ou contra a adoção de determinados sentidos e a efetiva decisão entre os significados concorrentes (ÁVILA, 2018, p. 55-56).

Com efeito, a aplicação do direito deixa de ser meramente formalista, dedutiva, já que não há que se falar em sentido único do texto legal, para se tornar atividade eminentemente argumentativa e persuasiva em busca do melhor sentido de interpretação para o caso concreto. Assim, não se pode permanecer tributário de uma concepção formalista de jurisdição:

> Se nas teorias clássicas o juiz apenas declarava a lei ou criava a norma individual a partir da partir da norma geral, agora ele reconstrói a norma jurídica a partir da interpretação de acordo com a Constituição, do controle da constitucionalidade e da adoção de postulados normativos para a harmonização dos direitos fundamentais no

> caso concreto. O significado dessa mudança não pode ser subvalorizado: sem uma adequada percepção do papel da jurisdição diante da nova teoria das normas, o que implica perceber o novo significado da interpretação judicial, do controle de constitucionalidade existente no sistema jurídico brasileiro, das técnicas com que esse controle se realiza e dos direitos fundamentais, dificilmente se pode conceber um papel crítico à doutrina e à jurisdição. Afirmar que jurisdição simplesmente declara a vontade concreta da lei e particulariza uma norma geral para a composição de uma lide significa ignorar a necessidade de o Estado Constitucional dar tutela aos direitos e solapar a função da doutrina e da jurisdição como instâncias críticas de controle da adequada tutela dos direitos (MARINONI; ARENHART; MITIDIERO, 2017, p. 114).

A partir da compreensão da função jurisdicional no Estado Constitucional de Direito, especialmente da missão de conformação da legislação à Constituição e aos direitos fundamentais, passa-se a estudar se o Judiciário pode ser tido como ativista quando assegura a autonomia existencial em casos de omissão legislativa.

4. JUDICIALIZAÇÃO OU ATIVISMO

Indaga-se: questões relativas à autonomia existencial devem ser solvidas exclusivamente pelo Parlamento?

Ao decidir questões existenciais não contidas na legislação ordinária, como as uniões homoafetivas, uniões estáveis paralelas, o Judiciário adota postura ativista ou apenas dá cumprimento à Constituição?

De início, há que se distinguir judicialização de ativismo judicial.

A judicialização consiste no exercício constitucional do direito à tutela jurisdicional, insculpido no art. 5º, XXXV, da Constituição de 1988.

Considerando que a Constituição é prolixa no reconhecimento de direitos, são judicializadas questões sociais complexas como a possibilidade de reconhecimento de uniões estáveis paralelas, possibilidade de uniões estáveis entre três pessoas (poliamor), pretensões de reconhecimento de mudança de registro quanto ao sexo sem necessidade de operação de transgenitalização, dentre outras.

Deveria o Judiciário indeferir tais pleitos sob o fundamento de que não há previsão na legislação ordinária?

O constitucionalismo moderno propõe uma releitura do princípio da separação de poderes reconhecendo a legitimidade da função contramajoritária do Judiciário.

Se é certo que cabe ao Parlamento a função política precípua de elaboração das leis, também é certo que as minorias precisam se socorrer do Judiciário para não serem esmagadas, ou mesmo esquecidas, pela política majoritária.

Dessa forma, a legitimidade contramajoritária do Judiciário, nas democracias modernas, se dá por meio da fundamentação de suas decisões, motivo pelo qual se fala em representatividade argumentativa:

> Além do momento da investidura, o poder se legitima, também, por suas ações e pelos fins visados. Cabe retomar a ideia de democracia deliberativa, que se funda, precisamente, em uma legitimação discursiva: as decisões políticas devem ser produzidas após debate público livre, amplo e aberto, ao fim do qual se forneçam as razões das opções feitas, por isso tem-se afirmado, anteriormente, que a democracia contemporânea é feita de votos e argumentos. Um *insight* importante nesse domínio é fornecido pelo jusfilósofo alemão Robert Alexy, que se refere à corte constitucional como representante argumentativo da sociedade (BARROSO, 2015, p. 25).

Assim, não há que se falar em ativismo nas hipóteses de aplicação dos princípios constitucionais em sede de relações existenciais, porque o fundamento da decisão é recolhido no sistema normativo:

> A solução, portanto, terá de ser construída lógica e argumentativamente pelo juiz, à luz dos elementos do caso concreto, dos parâmetros fixados na norma, dos precedentes e de aspectos externos ao ordenamento jurídico.

> Daí se fazer referência a essa atuação, por vezes, como sendo criação judicial do direito. Em rigor, porém, o que o juiz faz, de verdade, é colher no sistema jurídico o fundamento normativo que servirá de fio condutor do seu argumento. Toda decisão judicial precisa ser reconduzida a uma norma jurídica. Trata-se de um trabalho de construção de sentido, e não de invenção de um Direito novo (BARROSO, 2015, p. 30).

Mesmo nos casos em que não há uma resposta óbvia no ordenamento jurídico, deve ser entendida como legítima a atuação do Judiciário que implique a colmatação da legislação ordinária ante a Constituição, especialmente nos casos de declaração de inconstitucionalidade e de omissões inconstitucionais:

> Nas situações de declaração de inconstitucionalidade, de controle de inconstitucionalidade por omissão e de tutela de um direito fundamental diante do outro no caso concreto, também não se pode falar em criação do direito pelo juiz, embora a situação certamente seja mais delicada. Esses três casos, se não permitem a conformação da norma geral à Constituição, conferem ao juiz a possibilidade de fazer valer a constituição mediante a eliminação da norma inconstitucional, do preenchimento do vazio normativo que impede a tutela do direito fundamental e da proteção de um direito fundamental que se choca com outro no caso concreto.
>
> Em nenhuma dessas hipóteses o juiz cria o direito. A jurisdição apenas está zelando para que os direitos sejam tutelados de acordo com as normas constitucionais, para que os direitos fundamentais sejam protegidos e efetivados ainda que ignorados pelo legislador e para que os direitos fundamentais sema tutelados no caso concreto mediante aplicação de normas voltadas para a sua adequada concretização (MARINONI; ARENHART; MITIDIERO, 2017, p. 117).

Ademais, a denegação do exercício do direito existencial por ausência de regra expressa na legislação ordinária pode mascarar um comprometimento ideológico do juiz, já que lhe poupa da necessidade de fundamentação:

> Por outro lado, o silogismo revela-se capaz de camuflar intenções subjetivas ou ideológicas do magistrado, poupando-lhe da imperiosa necessidade de justificar sua decisão e oferecendo-lhe salvo-conduto para escapar do controle social quanto à aderência de sua atividade interpretativa à axiologia constitucional. Segurança jurídica deve ser alcançada pela compatibilidade das decisões judiciais com os princípios e valores constitucionais, que traduzem a identidade cultural da sociedade. Em alguma medida, as novas tecnologias denunciam, com o dinamismo de sua evolução, o ocaso da ideologia da subsunção. Surgem a cada dia questões inovadoras, sequer cogitadas pelo legislador, muito distantes das previsões abstratas pretensamente capazes de regular o comportamento social (TEPEDINO, 2016, p. 488).

Por sua vez, o ativismo judicial, consoante Georges Abboud (2018), "deve ser compreendido como atuação dos juízes a partir de um desapego da legalidade vigente (constituição e leis) para fazer prevalecer, por meio da decisão, sua própria subjetividade (viés ideológico, político, religioso etc.)".

De efeito, o ativismo consiste na não aplicação da lei ou da Constituição em função da prevalência da vontade pessoal do julgador. É dizer: o julgador deixa de sentir-se obrigado pelo ordenamento jurídico para fazer valer sua compreensão de mundo, a partir de seu lugar de poder. Dessa forma, tanto há um claro desrespeito à legalidade como uma afronta ao princípio da separação de poderes (art. 2º, *caput*, da Constituição). Veja-se clássico exemplo:

> Não me importa o que pensam os doutrinadores. Enquanto for Ministro do Superior Tribunal de Justiça, assumo a autoridade da minha jurisdição. O pensamento daqueles que não são Ministros deste Tribunal importa como orientação. A eles, porém, não me submeto. Interessa conhecer

> a doutrina de Barbosa Moreira ou Athos Carneiro. Decido, porém, conforme minha consciência. Precisamos estabelecer nossa autonomia intelectual, para que este Tribunal seja respeitado. É preciso consolidar o entendimento de que os Srs. Ministros Francisco Peçanha Martins e Humberto Gomes de Barros decidem assim, porque pensam assim. E o STJ decide assim, porque a maioria de seus integrantes pensa como esses Ministros. Esse é o pensamento do Superior Tribunal de Justiça, e a doutrina que se amolde a ele. É fundamental expressarmos o que somos. Ninguém nos dá lições. Não somos aprendizes de ninguém. Quando viemos para este Tribunal, corajosamente assumimos a declaração de que temos notável saber jurídico – uma imposição da Constituição Federal. Pode não ser verdade. Em relação a mim, certamente, não é, mas, para efeitos constitucionais, minha investidura obriga-me a pensar que assim seja (BRASIL, 2003).

O ativismo judicial se manifesta na fundamentação das sentenças. É ali que fica explícita a postura do juiz que deixa de seguir os ditames da lei para fazer prevalecer seu sentimento de justiça.

Em um sistema processual impregnado por precedentes judiciais, em que decisões dos tribunais passarão a servir de fundamento a futuras decisões, deve-se redobrar a atenção na fundamentação das decisões para que efetivamente haja manifestação judicial quanto aos debates das partes, bem como sejam consideradas as peculiaridades dos casos levados a juízo.

No paradigma do Estado Democrático de Direito, a fundamentação das decisões judiciais deve passar pelo contraditório, oportunizando às partes influenciar na construção do pronunciamento jurisdicional. Tal influência se dá pelo respeito ao quadrinômio estrutural do contraditório:

> Em face dessas considerações, como sustentamos anteriormente, instaura-se na dinâmica do procedimento o que qualificamos de quadrinômio estrutural do contraditório, qual seja, informação-reação-diálogo-influência,

> como resultado lógico-formal da correlação do princípio do contraditório com o princípio da fundamentação das decisões jurisdicionais, ambos elevados à categoria de garantias constitucionais ou garantias fundamentais do processo (Código de Processo Civil, artigos 7º e 489). Mencionado quadrinômio estrutural do procedimento em contraditório significa que o efetivo contraditório, norma fundamental do processo (Código de Processo Civil, artigo 7º), garante regular informação às partes dos atos processuais e a oportunidade a cada uma delas de reação aos atos da parte adversa. Para que tal objetivo seja atingido, é necessário diálogo permanente diálogo do juiz com as partes, a fim de lhes permitir a oportunidade de ampla manifestação sobre o desenvolvimento do processo e assim exercer influência no seu desenvolvimento e resultado decisório (DIAS, 2018, p. 137).

Nesse sentido, o contraditório deve ser entendido como efetiva participação (comparticipação) de todos os sujeitos processuais, com iguais oportunidades de manifestação acerca dos arrazoados, termos e documentos carreados aos autos. Ademais, as partes devem participar ativamente da condução do processo por meio de diálogo, não mais se admitindo manifestações de má-fé ou meramente protelatórias do curso processual.

Decerto, a aplicação da Constituição diretamente na relação existencial, como ocorrido com as uniões homoafetivas, não constitui ativismo, mas mero desencargo da função jurisdicional de tutela dos direitos individuais, ou o modo de controlar a função jurisdicional por meio do dever de fundamentação das decisões (art. 93, IX, da Constituição).

CONCLUSÕES

O princípio da autonomia da vontade, que predominou no Estado Liberal, recebeu uma releitura no Estado Social e passou a ser ressignificado como autonomia privada. Contudo, essa distinção não englobou as vicissitudes decorrentes do reconhecimento dos direitos de natureza existencial, mas especificamente a autonomia existencial.

A autonomia existencial tem como principais fundamentos constitucionais a dignidade humana, o pluralismo político, a liberdade, a intimidade e a vida privada. A interpretação do princípio da dignidade humana repersonalizou o Direito Civil.

A concretização do princípio constitucional da liberdade impõe ao Estado o dever de prestações materiais ou jurídicas para tutelar a igualdade material de vulneráveis, os quais devem dispor de legislações próprias que lhes assegurem tratamento diferenciado.

A judicialização de questões controversas consiste no exercício constitucional do direito à tutela jurisdicional, insculpido no art. 5º, XXXV, da Constituição.

O ativismo deve se ater à concretização de direitos fundamentais. Não obstante, só é possível aferir se a decisão judicial configura ativismo se restar comprovado argumentativamente que o juízo abandonou o ordenamento jurídico, nomeadamente a legislação ordinária e a Constituição, e decidiu com fundamento em sua visão de mundo.

REFERÊNCIAS

ABBOUD, Georges. *Processo constitucional brasileiro.* 2. ed. São Paulo: Revista dos Tribunais, 2018.

ALMEIDA GUILHERME, Luiz Fernando do Vale de. A limitação da autonomia privada nos direitos reais e pessoais. *Revista de Direito Privado*, São Paulo, n. 14, p. 281-299, abr./jun. 2003.

ÁVILA, Humberto Bergmann. *Teoria dos princípios.* 18. ed. São Paulo: Melhoramentos, 2018.

BARROSO, Luís Roberto. A razão sem voto: o Supremo Tribunal Federal e o governo da maioria. *Revista Brasileira de Políticas Públicas*, Brasília, v. 5, Número Especial, p. 23-50, 2015.

BARROSO, Luís Roberto. *Neoconstitucionalismo e constitucionalização do direito*. Disponível em: http://bibliotecadigital.fgv.br/ojs/index.php/rda/article/view/43618/44695. Acesso em: 10 ago. 2019.

BRASIL. Constituição (1988). *Constituição da República Federativa do Brasil.* Brasília: Senado, 1988.

BRASIL. Superior Tribunal de Justiça. AgReg em ERESP n. 279.889-AL. Relator: Ministro Humberto Martins, Primeira Seção. *Diário da Justiça*

Eletrônico, Brasília, 7 abr. 2003. Disponível em: https://ww2.stj.jus.br/processo/revista/documento/mediado/?componente=ATC&sequencial=525558&num_registro=200101540593&data=20030407&tipo=69&formato=PDF. Acesso em: 9 ago. 2019.

DIAS, Ronaldo Brêtas de Carvalho. *Processo constitucional e Estado Democrático de Direito.* 4. ed. Belo Horizonte: Del Rey, 2018.

MARINONI, Luiz Guilherme; ARENHART, Sérgio Cruz; MITIDIERO, Daniel. *Novo curso de processo civil.* 3. ed. São Paulo: Revista dos Tribunais, 2017.

MONTESQUIEU, Barão de. *O espírito das leis.* Tradução de Cristina Murachco. 2. ed. 2. tir. São Paulo: Martins Fontes, 2000.

MORAES, Maria Celina Bodin. *Ampliando os direitos de personalidade.* Disponível em: https://www.researchgate.net/publication/288490662_Ampliando_os_direitos_da_personalidade. Acesso em: 10 set. 2019.

ROUSSEAU, Jean-Jaques. *O contrato social.* Tradução de Antônio de Pádua Danesi. 2. ed. 3. tir. São Paulo: Martins Fontes, 1999.

TEIXEIRA, Ana Carolina Brochado. Autonomia existencial. *Revista Brasileira de Direito Civil – RBDCivil*, Belo Horizonte, v. 16, p. 75-104, abr./jun. 2018.

TEPEDINO, Gustavo. O papel atual da doutrina do direito civil entre o sujeito e a pessoa. *In*: TEPEDINO, Gustavo; TEIXEIRA, Ana Carolina Brochado; ALMEIDA, Vitor (coord.). *O direito civil entre o sujeito e a pessoa*: estudos em homenagem ao professor Stefano Rodotà. Belo Horizonte: Fórum, 2016.

Capítulo 9

Waimiri-Atroari:
a luta e a resistência pela efetivação de direitos fundamentais ontem e hoje

Anni Marcelli Santos de Jesus
Helom César da Silva Nunes

— SUMÁRIO —

INTRODUÇÃO

De acordo com os dados divulgados pelo censo de 2010, existem no Brasil 817.963 indígenas, dos quais 502.783 vivem em área rural e 315.180 sobrevivem em área urbana, distribuídos em 305 etnias e 274 línguas.[1]

Esses cidadãos, povos originários, compõem 0,4% da sociedade brasileira, embora a legislação deste país, ao longo da história, não

[1] FUNAI. Índios do Brasil: quem são. Disponível em: http://www.funai.gov.br/index.php/indios-no-brasil/quem-sao.

tenha dado a devida atenção a essa parcela do povo, contribuindo para o seu decrescimento.

A Constituição de 1988 (art. 231, *caput* e parágrafos) reconhece a capacidade civil e processual dos indígenas. Constitucionalmente, esses povos têm direito à auto-organização. O respeito a sua cultura e o direito à terra se relacionam com a identidade, preservação de suas tradições e sua sobrevivência em ambiente sustentável.

O objetivo principal deste artigo é resgatar na memória histórica nacional o genocídio praticado durante o período ditatorial contra a população indígena Waimiri-Atroari.[2]

Os atos de barbaridade praticados não teriam sido esclarecidos, nem reconhecidos, sem os esforços de todos aqueles que trabalharam para o restabelecimento da tribo, o que tornou possível que os próprios sobreviventes pudessem relatar toda a perseguição sofrida durante esse período, para a Comissão Estadual de Verdade e Justiça do Amazonas.

Destacar o triste passado dessa tribo, neste momento em que os indígenas estão passando novamente por perseguições, mortes, ameaças de morte e perda de direitos constitucionalmente garantidos, é relevante.

Para isso, realizou-se uma pesquisa histórica e documental sobre esse povo, analisando as informações obtidas no *site* do Programa Waimiri-Atroari, o 1º Relatório da Comissão Estadual da Comissão de Verdade e Justiça: "O genocídio do povo Waimiri-Atroari", e a Ação Civil Pública Processo n. 1001605-06.2017.401.32.

O que aconteceu com os Waimiri-Atroari no período compreendido entre 1972 e 1983 demonstra o descaso dos poderes constituídos com as populações marginalizadas, vítimas constantes da violência institucional.

---

[2] Em agosto de 1979, o presidente João Baptista Figueiredo assinou a Lei da Anistia, que tanto decretava o fim da perseguição àquelas pessoas que se opuseram ao regime ditatorial quanto o esquecimento dos crimes de tortura e execução praticados por órgãos de repressão estatal.

1. A HISTÓRIA DE LUTA DO POVO WAIMIRI-ATROARI

O povo indígena Waimiri-Atroari vive em um território que abrange regiões nos Estados de Roraima e de Amazonas, demarcadas ao sul pelos rios Camanaú e Curiaú, toda a área ao norte até os afluentes do rio Alajaú, até o afluente do rio Jauaperi, compreendendo uma reserva de 2586 hectares.

Os dados históricos mostram que esse povo indígena sempre procurou se manter afastado do povo "civilizado", e que durante as expedições de resgate do século XVII ocorreram tentativas de escravizá-lo, resultando em conflitos.

Após isso, outros confrontos ocorreram ao longo da história desse povo:

a) em 1780, pelo governo da Província do Amazonas;
b) em 1874, por expedições militares; em 1905, em massacre que vitimou 283 Waimiri-Atroaris a mando do então governador do Amazonas, Antonio Constantino Néri;
c) os conflitos ocorridos no período da Ditadura Militar, entre 1972 e 1983, durante a construção da BR-174, causando o quase total extermínio do povo Waimiri-Atroari.[3]

[3] *Vide* dados demográficos retirados do 1º Relatório Estadual da Comissão de Verdade e Justiça (p. 5):

Ano	População	Fonte
1905	6.000	HÜBNER, Georg e KOCH-GRUNBERG, Theodor
1968	3.000	CALLERI, João Giovanni (Pe.) – Funai
1972	3.000	Funai
1974	600/1.000	COSTA, Gilberto Pinto Figueiredo – Funai
1982	571	CRAVEIRO, Giusepe – Funai
1983	350	Funai
1983	332	BAINES, Stephen Grant – Museu Emilio Goeldi
1987	420	SILVA, Marcio – Unicamp
1991	505	Programa Waimiri-Atroari – Eletronorte.
2011	1.515	Programa Waimiri-Atroari – Eletrobras.

Dados mais atuais (2018) do Programa Waimiri-Atroari mostram população da tribo com 2.090 pessoas,[4] que a duras penas preservam vivas a identidade e a cultura de seus antepassados.

De acordo com dados da Funai, em 1972, os Waimiri-Atroari somavam três mil pessoas. Entretanto, durante a Ditadura Militar, em 1983, o contingente populacional reduziu-se a apenas 332 pessoas, composta em sua maior parte de crianças e jovens de até 20 anos.

A forma como se deu esse extermínio foi revelada após a criação da Lei n. 12.528, de 2011, que instituiu a Comissão Nacional da Verdade.

Em 2012, a Comissão deu início a uma série de investigações sobre os crimes praticados por agentes policiais do Estado contra oposicionistas políticos e populações marginalizadas, no período compreendido de 1946 a 1988.

A partir disso, muitas comissões estaduais foram instituídas para apurar as violações de direitos humanos pelo Brasil, infligidas por agentes do Estado.

Os resultados dessas investigações mostraram que, além da repressão violenta aos opositores do governo ditatorial, eram também perseguidos e mortos aqueles que pudessem impedir ou dificultar os projetos do governo.

A Comissão Estadual da Verdade do Amazonas reuniu documentos e depoimentos que demonstram ter ocorrido no período compreendido entre 1972 e 1983 um genocídio indígena na região amazônica.

De acordo com o art. 1º da Lei de n. 2889/56, genocídio consiste em crime cometido com a "intenção de destruir, no todo ou em parte, grupo nacional, étnico, racial ou religioso".

O relatório sobre os crimes praticados contra os Waimiri-Atroari durante o regime de exceção demonstra que a intenção dos *kamña* ("homens brancos") era de extermínio da tribo dos *Kinja* (índios Waimiri-Atroari).

---

4 PEOPLES AND DEMOGRAPHY IN ACCORD WITH RECENT DATA 2009 PEOPLES LIVING IN THIS INDIGENOUS LAND. Disponível em: https://terrasindigenas.org.br/es/terras-indigenas/3902#demografia.

> Mediante desenhos e as primeiras letras, eles revelaram o método e as armas que os *kamña* usaram para dizimá-los: aviões, helicópteros, bombas, metralhadoras, fios elétricos e estranhas doenças. Comunidades inteiras desapareceram depois que helicópteros de soldados sobrevoaram ou pousaram em suas aldeias (página 9 do Relatório).

A perseguição constante realizada contra os Waimiri-Atroari tinha o propósito de promover um verdadeiro extermínio.

Parte estratégica da reserva ocupada por essa tribo se localizava na área onde se pretendia construir a BR-174, que hoje interliga os Estados brasileiros de Rondônia, Mato Grosso, Amazonas, Roraima e Venezuela. Essa rodovia é conhecida no Amazonas como "Rodovia Manaus-Boa Vista".

O povo Waimiri-Atroari sempre foi visto como hostil, violento, por não querer aproximação com os *kamnã*, ou "homens brancos".

Como não tinham contato com a língua portuguesa, nem os agentes da Funai tinham conhecimento da língua utilizada por esses indígenas. A comunicação e a possibilidade de entendimento, naquele momento, encontravam-se inviáveis.

Com isso, deu-se início a um processo violento de "pacificação" desse povo, para que a BR-174 fosse construída.

A "pacificação", como se verificou no Relatório, consistia em ameaças e ataques cometidos principalmente por militares do Amazonas (CMA e 1º BIS[5]) e agentes da Funai.

Do relatório da Comissão de Verdade e Justiça do Amazonas (2012, p. 11), destaca-se uma dessas ações militares de "pacificação". Consiste em um relato de um mateiro na construção da rodovia entre 1972 e 1977, chamado Raimundo Pereira da Silva, que conviveu com uma comunidade registrada pela Funai:

> Raimundo Pereira da Silva – Agora eu fiquei impressionado porque antes do Exército entrar, a gente via muito índio, muito índio.

---

5 CMA – Comando Militar do Amazonas; 1º BIS – Primeiro Batalhão de Infantaria de Selva.

> Tiago Maiká Müller Schwade – É mesmo?
>
> Raimundo Pereira da Silva – É, eles saíam no barraco da gente, muito, muito, muito. Eu tinha um bocado de coroa de ouro, eu.
>
> Eles eram doidos pra me levar pra lá, eles falavam: "maroca, maroca, maroca, vamo embora, maroca, maroca". Eu dizia, "não, Manaus, Manaus, Manaus". Eles: "não, maroca, maroca", pra me levar pra lá. Todos os dias esses vinham com aquela conversa.
>
> Egydio Schwade – E quase todos os dias eles te encontravam?
>
> Raimundo Pereira da Silva – Todo dia. [...]
>
> Raimundo Pereira da Silva – Depois que o BIS [Batalhão de Infantaria na Selva] entrou, nós não vimos mais índios.
>
> Egydio Schwade – Mas antes disso?
>
> Raimundo Pereira da Silva – Antes cansou de chegar 300-400 índios no barraco da gente. É... Levavam tudo que a gente tinha.
>
> A gente tinha medo, sabe e esses índios aí não pediam não, tomava.
>
> Era troca, troca, troca. Davam uma flecha, qualquer coisa deles (SCHWADE; SCHWADE, 2012, 00:10:40 – 00:15:33).

São vários os relatos semelhantes a este, seja de quem trabalhou e viu de perto as consequências do massacre ou de quem vivenciou esse período, perdeu família e amigos e conseguiu sobreviver para contar.

Graças ao empenho dos Professores Egydio Schwade e Doroti Alice, a partir de 1985, o povo Waimiri-Atroari teve condições de começar a se comunicar, se alfabetizar e lutar pela preservação de sua cultura e sua história.

As lembranças dos indígenas sobre os horrores sofridos foram relatadas em formas de desenhos e, depois, em relatos. Os indígenas contavam suas memórias e questionavam a razão de aquilo ter acontecido.

Para eles, a região que ocupavam era seu lar. Para o governo militar, a área ocupada pelos *Kinja* não passava de um vazio demográfico e improdutivo, ignorando completamente seu significado para os Waimiri-Atroari. Leia-se mais um relato:

> Kramna Mudî era uma aldeia Kiña que se localizava na margem oeste da BR-174, no Baixo rio Alalaú, próximo ao local conhecido como Travessia e sobre a Umá, o "varadouro interétnico" dos Waimiri-Atroari que atravessava o território de Sul a Norte. No segundo semestre de 1974, Kramna Mudî acolhia o povo Kiñapara uma festa tradicional. Já tinham chegado os visitantes do Camanaú e do Baixo Alalaú. O pessoal das aldeias do Norte ainda estava a caminho. A festa já estava começando com muita gente reunida. Pelo meio-dia um ronco de avião ou helicóptero se aproximou. O pessoal saiu da maloca para ver. A criançada estava toda no pátio para ver. O avião derramou como que um pó. Todos, menos um foram atingidos e morreram. O tuxaua Comprido, com a sua gente vinha do Norte e ainda não chegara. Quando se aproximaram estranharam o silêncio. Aldeia em festa sempre está cheia de algazarra. Ao entrarem no pátio encontraram todos mortos, menos um. Morreram sem um sinal de violência no corpo. Dentro da maloca, nos girais, grande quantidade de carne moqueada, mostrando que tudo estava preparado para receber muita gente para a festa. O sobrevivente só se recordava do barulho de avião passando por cima. Os alunos da aldeia Yawará forneceram uma relação de 33 parentes mortos neste massacre. Contaram-nos que Comprido, ao ver os parentes mortos pelo chão, revoltou-se muito. Antes de voltarem para as suas malocas, provavelmente no dia 30 de setembro de 1974 à tarde, um grupo de Kiña atacou três funcionários da Funai, João Dionísio do Norte, Paulo Ramos e Luiz Pereira Braga, que subiam o Rio Alalaú para abastecerem o Posto Alalaú II. Mataram os três e jogaram os seus corpos na altura da Travessia, local onde a Umá (varadouro) atravessa o Alalaú não longe da aldeia chacinada. No dia seguinte atacaram o Posto Alalaú II [próximo à passagem da BR-174 sobre o rio Alalaú].

Entrando em contato com os vários relatos dos *Kinja* sobreviventes do massacre, percebe-se que estes não tinham uma ideia clara sobre os motivos que levaram os militares a cometerem esses assassinatos, como também não compreendiam a razão de as terras ocupadas por eles serem invadidas e tomadas por máquinas que destruíam a floresta onde viviam.

Entre 1972 e 1977, a reserva indígena resistiu as investidas para construção da BR -174, ocorrendo o assassinato de 2 mil Waimiri-Atroari, que tentaram impedir a ligação rodoviária entre Manaus (AM) e Boa Vista (RR).

Em 1981, as terras indígenas foram novamente "utilizadas", com a construção das usinas hidrelétricas de Pitinga e Balbina, que tomaram grande parte do território antes pertencente à reserva.

Sobre a hidrelétrica de Balbina, consta no relatório:

> A inundação causada por Balbina provocou preocupantes interferências e mudanças na vida de pelo menos um terço da população Waimiri-Atroari. A ínfima capacidade de produção de energia, os custos elevados de construção e o grande impacto social e ambiental causado por Balbina foi amplamente denunciado por indigenistas, cientistas, ambientalistas e políticos com repercussão nacional e internacional. Mesmo assim a hidrelétrica foi construída. Esse fato somente pode ser compreendido se levamos em consideração os interesses econômicos das empreiteiras envolvidas no projeto, especialmente as empresas Andrade Gutierrez e Mendes Junior (p. 28).

A obra da usina hidrelétrica de Balbina, localizada no Rio Uatumã, ocupou uma área onde residiam não somente os *Kinja*, mas também ribeirinhos. Iniciada em 1981 e finalizada em 1987, é considerada um crime ambiental por especialistas, pois ocupa uma área de 2,5 mil km^2 e gera 250 MWh de energia.

A usina de Tucuruí (PA), construída na mesma época, ocupa uma área de 2,850 km^2 e gera 8.370 MWh.[6]

---

[6] UNISINOS. Atingidos por Balbina (AM) ainda lutam por direitos. Instituto Humanitas Unisinos. *Revista IHU* – Online, 16 abr. 2019. Disponível em:

Com isso, percebe-se que, após a política de extermínio ocorrida durante a construção da BR-174, em nome de uma política de desenvolvimento nacional, houve a exploração mineral e a hidrelétrica de Balbina e Pitinga, que resultaram na redução considerável da reserva indígena Waimiri-Atroari.

O Relatório da Comissão de Verdade e Justiça, fundamentado com várias evidências e relatos detalhados, não deixa dúvidas sobre a proporção do genocídio praticado.

O Relatório completo[7] sobre a atuação dos governos militares relata uma política de genocídio indígena. Estima-se que aproximadamente 8.350 índios tenham morrido em todo o país durante esse período.

Depois da revelação em detalhes dos horrores sofridos por esses povos, o Ministério Público do Amazonas ingressou na justiça com uma Ação Civil Pública, pedindo reparação de danos morais e materiais para os *Kinja*.

2. AÇÃO CIVIL PÚBLICA PARA REPARAÇÃO DOS DANOS MORAIS COLETIVOS

No dia 16 de agosto de 2017, o MPF, em observância ao art. 129, V, da Constituição, ajuizou uma Ação Civil Pública em face da União e da Funai, na qual são exigidos: **a reparação dos danos causados, no valor de R$ 50 milhões, pedido oficial de desculpas, e, ainda, inclusão do estudo das violações sofridas pelos indígenas nos conteúdos programáticos escolares, garantias de direitos e de que a política de extermínio nunca mais se repita.**

Por fim, foi pedida também a abertura de arquivos militares e a reunião e sistematização, no Arquivo Nacional, de toda a documentação pertinente à apuração das graves violações de direitos humanos cometidas contra o povo *Kinja*, visando a ampla divulgação ao público.

---

http://www.ihu.unisinos.br/78-noticias/588427-atingidos-por-balbina-am--ainda-lutam-por-direitos.

[7] Relatório Geral da Comissão de Verdade e Justiça. Violações aos direitos dos povos indígenas. T. I – Parte II. Disponível em: http://comissaodaverdade.al.sp.gov.br/relatorio/tomo-i/parte-ii-cap2.html.

Os interesses econômicos frequentemente costumam ser implacáveis com os povos indígenas, o que restou claro ao longo de nossa pesquisa.

Na folha 4 da Ação, ao passo que enfatiza a fama de violentos e hostis dos *Kinja*, resgata-se o fato de que esse povo passou a vida relembrando histórias de violência sofridas, praticadas pelos "civilizados".

Demonstra que a política de "pacificação" e "integração" à sociedade visava à aculturação dos indígenas. Foi um período de extermínio.

O Estatuto do Índio, instituído em 1973, em plena Ditadura Militar, estimulava a pacificação e integração indígenas:

> "A política de genocídio contra os índios do Brasil" apontava o cunho integracionista do Estatuto do Índio, de 1973, sancionado por Médici, e do governo Geisel, cujo Ministro do Interior, Maurício Rangel Reis, afirmava que faria o que se chamava de integração do índio à sociedade brasileira o mais rápido possível. A Funai estava subordinada a esse ministério, que coordenava políticas de colonização da Amazônia, de interesses frontalmente contrários aos dos povos indígenas (MARTINS, 2013, p. 553).

O Ministério Público Federal sustenta na ACP que a "pacificação" envolvia uma linguagem de superioridade: "Havia uma orientação aos funcionários a não darem nada aos índios, nem mesmo mantimentos, 'pois eles teriam que compreender que somos superiores e só eu posso premiá-los'".[8]

Logo, conclui-se que tal política de pacificação nada mais era que um jogo condicionado à subserviência indígena.

De outro lado, terceiros que estivessem junto com os índios eram "pacificados" de outra forma: com ameaças.

Como se vê, a petição inicial da ACP em comento deixa solar que a expressão "pacificação" em nada guardava relação com a estratégia adotada na prática.

---

[8] Petição inicial da ação citada. Fl. 22.

Isso fica mais evidente quando os Waimiri-Atroari passaram a ser tratados como hostis e como pessoas que apresentaram séria resistência à pacificação, em virtude de terem sofrido bastante com as invasões de suas áreas para a exploração de riquezas naturais, dentre as quais se destacam balata e castanha.[9]

Percebe-se que a estratégia da "pacificação" foi alterada para "extermínio", visando à realização de projetos governamentais.

De acordo com o Relatório regional e o Relatório completo, quando houve a transição para a democracia, os indígenas passaram a querer compreender os motivos que levaram os "civilizados" a cometerem tantos crimes contra sua cultura.

Com o advento da Constituição de 1988, os direitos humanos tornaram-se referencial da práxis democrática, e se ampliou o alcance dos direitos sociais, econômicos e culturais, pelo que as populações indígenas ficaram constitucionalmente mais protegidas.

O pleno acesso à tutela jurisdicional possibilitou a legitimidade constitucional do Ministério Público de defender direitos coletivos via Ação Civil Pública.

Consoante o art. 5º, XXXV, da Constituição, "a lei não excluirá da apreciação do Poder Judiciário lesão ou ameaça a direito". O art. 129, III, da Constituição, por sua vez, determina que são funções institucionais do Ministério Público promover o inquérito civil e a ação civil pública, para a proteção do patrimônio público e social, do meio ambiente e de outros interesses difusos e coletivos.

Nesse sentido, destaca Arantes (1999, p. 83-102) o papel do Ministério Público na defesa dos direitos coletivos pela via judicial e, dados que os conflitos relativos a tais direitos têm geralmente conotação política, pelo que tem impulsionado um processo mais amplo de judicialização de conflitos políticos e, no sentido inverso, de politização do sistema judicial.

Enfatizada a pertinência da atuação do Ministério Pública na defesa dos direitos coletivos do povo *Kinja,* deve ser salientada, no bojo da ACP, a menção (folha 93 do processo) ao entendimento do STJ a respeito da imprescritibilidade das ações indenizatórias relativas ao período da Ditadura Militar:

---

9 Relatório, p. 39.

> As ações indenizatórias por danos morais e materiais decorrentes de atos de tortura ocorridos durante o Regime Militar de exceção são imprescritíveis. Inaplicabilidade do prazo prescricional do art. 1º do Decreto 20.910/1932 (EREsp 816.209/RJ, Relatora Ministra Eliana Calmon, Primeira Seção, DJe 10.11.2009).

Diante dos fundamentos apontados, o Ministério Público Federal requereu o seguinte:

a) Inicialmente, a Declaração de responsabilidade do Estado brasileiro e a adoção de mecanismos de justiça de transição é medida efetivadora dos princípios fundamentais da dignidade da pessoa humana e da cidadania (art. 1º, II e III, da Constituição), bem como atende ao direito fundamental da informação (art. 5º, XIV e XXXIII). Portanto, o atendimento materializa o texto constitucional.

b) Quanto aos mecanismos da justiça de transição, destaca-se, entre outros, o direito à memória, como efetivado neste trabalho. Reconhecer o direito à memória faz parte de um Estado Democrático de Direito, uma vez que recomeços não implicam necessariamente esquecimento.

Nessa toada, oportuno atentar para o fato de que a Constituição reconhece a memória dos diversos grupos formadores da sociedade como patrimônio cultural de natureza material e imaterial.

Quanto ao direito à memória, José Emilio Medauar Ommati[10] esclarece que o direito, enquanto sistema da sociedade moderna, é dotado de memória, até para que possa funcionar adequadamente. Tão somente se deve construir uma sociedade democrática fundada no igual respeito e consideração, se houve compreensão da própria história, justamente para evitar a repetição dos mesmos erros do passado.

---

10 OMMATI, José Emilio Medauar. *Uma teoria dos direitos fundamentais*. 6. ed. Rio de Janeiro: Lumen Juris, 2019. p. 113-116. Sobre o direito à memória, o mesmo autor cita que, na doutrina estrangeira, Jürgen Habermas posicionou-se sobre a necessidade fundamental da existência do monumento do holocausto na Alemanha, como manifestação de cidadania moral coletiva dos alemães.

Decerto, o respeito à memória coletiva é uma ferramenta de contribuição para a efetivação do princípio da eficiência (art. 37 da Constituição) nos eventos futuros da Administração Pública, uma vez que os erros do passado servirão de lição para o melhor atuar do Estado em situações futuras.

c) Quanto à responsabilização civil do Estado, há amparo jurídico, na medida em que os requisitos[11] para condenação estão presentes.

Por fim, o Ministério Público Federal enfatizou que, diante da gravidade do ocorrido, haveria por parte da União um dever especial de proteção (folha 95 do processo), pelo qual requereu **medidas específicas de reparação, tais como proteção aos locais em que ocorreram as mortes, criação de centro da memória e inclusão no ensino básico dos fatos ocorridos que causaram vítimas na comunidade Waimiri-Atroari.**

Superada a análise da exordial ministerial, registra-se que, neste momento, o feito teve concessão parcial de tutelas de urgência e evidência, consistente na proibição de desenvolvimento de qualquer empreendimento que seja capaz de causar impacto em grande escala, bem como determinou à União e à Funai que protejam os locais sagrados do povo indígena Waimiri-Atroari.

3. QUESTÃO INDÍGENA NO ATUAL GOVERNO DO BRASIL

3.1 Tentativas de deslegitimar a luta política e calar o movimento indígena

Pontuada juridicamente a situação do povo *Kinja* após o massacre sofrido, é importante salientar que a ameaça sobre seus direitos ainda existe.

O Brasil vem passando por um período de crise institucional e democrática, iniciada com o processo de *impeachment* de Dilma Rousseff e intensificada com o atual governo de Jair Bolsonaro.

11 (a) a alteridade do dano; (b) a causalidade material entre o *eventus damni* e o comportamento positivo (ação) ou negativo (omissão) do agente público; (c) a oficialidade da atividade causal e lesiva imputável a agente do Poder Público, que, nessa condição funcional, tenha incidido em conduta comissiva ou omissiva, independentemente da licitude, ou não, de seu comportamento funcional; e (d) a ausência de causa excludente da responsabilidade estatal.

Atualmente o país vive um momento de crise institucional, ainda mais intensificado devido à pandemia provocada pelo vírus Coronavírus (Covid-19).

A desigualdade enfrentada por mulheres, indígenas e descendentes de africanos, além de trabalhadores informais e migrantes, torna esses grupos mais afetados pelo impacto socioeconômico do coronavírus na América Latina, conforme relatório da Comissão Econômica para a América Latina e o Caribe (Cepal).[12]

Em face dessa realidade, um plano emergencial para indígenas e quilombolas foi discutido e aprovado no Senado e na Câmara.

O Projeto de Lei n. 1.142/20 foi apresentado com o intuito de amenizar a situação alarmante que indígenas, quilombolas e povos tradicionais estão passando devido à falta de estrutura em diversas comunidades, para o enfrentamento da doença.

Após o projeto ser aprovado nas duas casas, foi sancionado pelo presidente atual, com 16 vetos.[13]

Um dos vetos mais polêmicos da atual Lei n. 14.021/2020 está no artigo que garantia o acesso à água potável e a distribuição gratuita de materiais de higiene, de limpeza e de desinfecção para as comunidades indígenas.

Novamente o Poder Judiciário foi provocado. O ministro do STF Luís Roberto Barroso solicitou que o representante do Executivo e o Procurador-Geral da República se manifestassem e determinou ainda que adotassem medidas de proteção aos povos indígenas.

No dia 1º de janeiro de 2019, em seu primeiro dia como presidente, como primeira medida, Bolsonaro transferiu a responsabilidade pela demarcação e regulação dos territórios indígenas da Fundação Nacional do Índio (Funai) para o Ministério da

---

12 UOL. Mulheres e indígenas são mais socialmente afetados pela Covid-19. Disponível em: https://noticias.uol.com.br/ultimas-noticias/reuters/2020/05/12/mulheres-e-indigenas-estao-entre-os-mais-socialmente-afetados-pela-covid-19-na-alatina.htm.

13 FOLHA DE S.PAULO. Bolsonaro veta obrigação do governo fornecer água potável, higiene e leitos hospitalares a indígenas. Disponível em: https://www1.folha.uol.com.br/cotidiano/2020/07/bolsonaro-veta-obrigacao-de-governo-fornecer-agua-potavel-higiene-e-leitos-hospitalares-a-indigenas.shtml.

Agricultura por meio da MP 879/2019. A transferência de competência de demarcação foi posteriormente alterada pelo Congresso.

Com isso, o presidente Bolsonaro editou a MP 886/2019, com a mesma proposta de transferência de competência para demarcação de terras indígenas. Sendo matéria reeditada e já rejeitada pelo Congresso, a MP 886/2019 teve seu efeito suspenso em relação a esse tema pelo Ministro Barroso (STF), em pedido liminar ajuizado pelos partidos Rede Sustentabilidade, PT e PDT (ADIn 6.172, 6.173 e 6.174), que foi acatado, mantendo-se a competência com a Funai.

A insistência na alteração de competência para a demarcação de terras indígenas é para dar seguimento ao projeto de governo do atual presidente, que pretende permitir que se usufrua economicamente das terras indígenas.

Em encontro com representantes indígenas das etnias Parecis (MS), Macuxi (RR), Xucuru (PE) e Yanomami (AM/RR), o presidente Bolsonaro declarou: "Em Roraima, tem R$ 3 trilhões embaixo da terra. E o índio tem o direito de explorar isso de forma racional, obviamente. O índio não pode continuar sendo pobre em cima de terra rica".[14]

O presidente Bolsonaro preconiza, sem nenhum critério, a partir de um senso comum antiquado que reúne ideias de integração (ou reintegração!) dos índios à sociedade, a despeito de suposto primitivismo já superado pelo direito atual, comparando os povos indígenas a animais em um zoológico ou a homens das cavernas.

No período ditatorial, em 1973, foi aprovado o Estatuto do Índio, que tinha por objetivo a integração dos povos indígenas à sociedade. O conceito de integração remete ao entendimento de que os povos indígenas estão em um estágio diferente de evolução e, com o tempo, serão incorporados à sociedade.

Esse tipo de pensamento danoso não vê o outro como ser autônomo, dotado de personalidade e cultura, conhecimentos próprios. Deslegitima totalmente tudo o que caracteriza a existência de uma comunidade.

---

[14] CÂMARA. Projeto do governo viabiliza exploração de minérios em terras indígenas. Disponível em: https://www.camara.leg.br/noticias/634893-projeto-do-governo-viabiliza-exploracao-de-minerios-em-terras-indigenas/.

Tal pensamento retrógrado ignora o fato de os indígenas fazerem parte do grupo de povos originários, que possuem noção de pertencimento a um lugar, que sempre foi ocupado por seus ancestrais e, por isso, precisa ser conservado.

A relação dos indígenas com a terra é muito mais complexa que a ideia simplista de que essas pessoas já deveriam estar vivendo em sociedade, mas estão atrapalhando o desenvolvimento nacional.

O entendimento constitucional (art. 231, *caput*) e da Convenção n. 169 da OIT, ratificada pelo Brasil (Decreto n. 5.051/2004), sobre o significado de terra hoje, abrange a garantia de direito à saúde, educação, cultura, a criação e apoio a projetos socioeconômicos e preservação do meio ambiente, direito de demarcar as terras indígenas, como dispõe os parágrafos do mesmo artigo. Sendo assim, ressaltamos o entendimento de Colaço (2003, p. 88, *apud* MARTINS, 2013, p. 554):

> O resultado final disso foi a promulgação, em 1988, de uma Constituição que amparou direitos indígenas e acabou com a perspectiva assimilacionista e integracionista adotadas pelos textos constitucionais anteriores; o índio adquiriu, então, o direito a alteridade, isto é, respeita-se a sua especificidade étnico-cultural, garantindo-lhe o direito de permanecer índio.

Garantir o direito do índio, preservar sua cultura, costumes e crenças, é entender e respeitar que cidadãos brasileiros, que fazem parte de uma comunidade indígena, também têm direito a ter sua dignidade respeitada.

Fazer parte de uma comunidade indígena não implica inadequação para assumir qualquer posição social. Os índios fazem parte da sociedade e são dotados de autonomia para seguir conforme sua própria cultura, como todos os demais cidadãos.

3.2 Direitos conquistados sob ameaça

Diante do exposto, resta justificado o receio atual, sentido pela comunidade Waimiri-Atoari, em face do governo atual. As ameaças e tentativas de deslegitimar as lutas dos povos indígenas deixaram o plano das ideias e agora são medidas de governo.

O atual governo, ao passo que ameaçou não mais fazer parte da Convenção n. 169 da OIT, demonstra que não está medindo esforços para que o linhão do Tucuruí seja construído, visto que a obra já foi classificada como de interesse nacional.

O "linhão", como vem sendo chamado, consiste em linha de transmissão que pretende integrar Roraima ao Sistema Interligado Nacional (SIN).[15]

O projeto do linhão, que pretende ligar a capital, Boa Vista, a Manaus, foi licitado em 2011, e até agora não tem licença ambiental.

Se o projeto conseguir obter a licença, a obra vai se estender por 172 quilômetros, com uma torre de energia a cada 150 metros. Para cada torre levantada, necessita-se de uma área desmatada do tamanho de um campo de futebol.[16]

O projeto foi traduzido para a língua *kinja*. Após isso foram enumerados 37 impactos ambientais na obra, sendo 27 irreversíveis.

O povo Waimiri-Atroari já se manifestou sobre o assunto e deixou bem claro que não está contra a construção do "linhão", mas que exige ser consultado, conforme determina a Convenção da OIT, pois a obra, se for realizada, atravessará 125 quilômetros da reserva indígena.

Contudo, o governo já demonstrou várias vezes que não pretende consultar a comunidade indígena, que será diretamente afetada, uma vez que já ameaçou sair da Convenção n. 169 da OIT.[17]

---

15 O Estado é o único que não está ligado ao sistema que distribui energia para todo o país, e desde 2001 é abastecido por termelétricas da Venezuela.

16 MELO, Liana. Uma nova ameaça aos Waimiri-Atroari. *Projeto Colabora* (online), 19 abr. 2019. Disponível em: https://projetocolabora.com.br/ods8/waimiri-atroari/.

17 Esta Convenção determina, em seu artigo 6, I, a': 1. Ao aplicar as disposições da presente Convenção, os governos deverão: a) consultar os povos interessados, mediante procedimentos apropriados e, particularmente, através de suas instituições representativas, cada vez que sejam previstas medidas legislativas ou administrativas suscetíveis de afetá-los diretamente. E em seu artigo 7º: 1. Os povos interessados deverão ter o direito de escolher suas próprias prioridades no que diz respeito ao processo de desenvolvimento,

O povo *Kinja* quer somente que as coisas sejam feitas dentro do que já está previsto em lei, como garantia de que massacres que os vitimaram no passado não ocorram novamente. Possuem até protocolo próprio para consulta.[18]

Não obstante, o Ministério Público Federal[19] acompanha a situação dos índios Wamiri-Atroari de forma contínua há uma década, como forma de tutelar seus direitos coletivos. Além disso, atua no sentido de proteger o meio ambiente.

CONSIDERAÇÕES FINAIS

A história dos *Kinja* sempre foi de luta, pois seu modo de vida e sua cultura sempre estiveram ameaçados por aqueles que veem na terra uma forma de obter vantagens econômicas.

A causa indígena, hoje, possui muitas frentes. São pesquisadores e membros do Ministério Público Federal, ou seja, profissionais de diversas áreas, ao lado dos povos originários do Brasil.

Os povos indígenas, devidamente assessorados, têm consciência de sua história, de seus direitos e do papel decisivo que lhes cabe na preservação ambiental.

---

na medida em que ele afete as suas vidas, crenças, instituições e bem-estar espiritual, bem como as terras que ocupam ou utilizam de alguma forma, e de controlar, na medida do possível, o seu próprio desenvolvimento econômico, social e cultural. Além disso, esses povos deverão participar da formulação, aplicação e avaliação dos planos e programas de desenvolvimento nacional e regional suscetíveis de afetá-los diretamente.

18 Durante o governo Temer, dois agentes da Funai que tentaram agendar consultas foram demitidos. Além disso, a Eletrobras ameaçou cortar as verbas indenizatórias que são repassadas aos indígenas afetados pela obra da hidrelétrica de Balbina. *Vide* INSTITUTO SOCIOAMBIENTAL. Waimiri-Atroari enfrentam intenso ataque contra seus direitos. Instituto Socioambiental. *Programa de política e direito socioambiental e monitoramento de áreas protegidas* (online), 29 ago. 2018. Disponível em: https://www.socioambiental.org/pt-br/noticias-socioambientais/waimiri-atroari-enfrentam-intenso-ataque-contra-seus-direitos.

19 MPF. MPF estuda medidas diante de tentativa de aceleração de licenciamento do Linhão de Tucuruí entre AM e RR. Disponível em: http://www.mpf.mp.br/am/sala-de-imprensa/noticias-am/mpf-estuda-medidas-diante-de-tentativa-de-aceleracao-do-linhao-de-tucurui-entre-am-e-rr.

O povo *Kinja* demonstrou na Ação Civil Pública a necessidade de reparação por danos morais coletivos, em face da contundência da violência sofrida, que quase resultou em sua extinção.

Histórias como essa devem ser divulgadas, como forma de evitar a repetição de tragédias que envolvam genocídio indígena.

Nestes tempos sombrios, quando, além de enfrentarmos uma pandemia, há uma crise institucional, com ameaças antidemocráticas, os operadores jurídicos têm de resistir democraticamente.

Em sua reserva, os Waimiri-Atroari estão conseguindo se restabelecer, sua população aumentou, são bastante organizados e trabalham com artesanato. Os dados sobre a tribo são periodicamente atualizados pelo ISA.[20]

Conhecendo a história de cada comunidade, da luta pelo seu legado cultural e de preservação ambiental, em sociedade democrática, mas conflituosa, percebe-se que tudo vale a pena quando a alma não é pequena.

REFERÊNCIAS BIBLIOGRÁFICAS

1º RELATÓRIO da Comissão Estadual de Verdade e Justiça. O genocídio do povo Waimiri-Atroari. Disponível em: http://www.dhnet.org.br/verdade/resistencia/a_pdf/r_cv_am_waimiri_atroari.pdf.

AÇÃO Civil Pública – Ministério Público Federal. Processo n. 1001605-06.2017.401.3200.

AGÊNCIA BRASIL. Ministro diz que licença do Linhão Manaus-Boa Vista deve sair em junho. Disponível em: http://agenciabrasil.ebc.com.br/geral/noticia/2019-05/ministro-diz-que-licenca-do-linhao-manaus-boa-vista-deve-sair-em-junho.

AMAZÔNIA.ORG. "Nem um centímetro a mais de terras indígenas", diz Bolsonaro. Disponível em: https://amazonia.org.br/2018/02/nem-um-centimetro-a-mais-para-terras-indigenas-diz-bolsonaro/.

20 INSTITUTO SOCIOAMBIENTAL – ISA. Disponível em: https://www.socioambiental.org/pt-br/tags/waimiri-atroari-0.

ARANTES, Rogério Bastos. Direito e política: o Ministério Público e a defesa dos direitos coletivos. *Revista Brasileira de Ciências Sociais* (impresso), São Paulo, v. 14, n. 39, 1999.

ASSOCIAÇÃO DE EX-PRESOS POLÍTICOS ANTIFASCISTAS (AEPPA). *A política de genocídio contra os índios do Brasil.* 16 de março de 1974, Arquivo Nacional.

CÂMARA. Projeto do governo viabiliza exploração de minérios em terras indígenas. Disponível em: https://www.camara.leg.br/noticias/634893-projeto-do-governo-viabiliza-exploracao-de-minerios-em-terras-indigenas/.

FOLHA DE S.PAULO. Bolsonaro veta obrigação do governo fornecer água potável, higiene e leitos hospitalares a indígenas. Disponível em: https://www1.folha.uol.com.br/cotidiano/2020/07/bolsonaro-veta-obrigacao-de-governo-fornecer-agua-potavel-higiene-e-leitos-hospitalares-a-indigenas.shtml.

G1. Brasil tem 1.199 mortes por coronavírus em 24 horas e mais de 1,7 milhão de infectados, mostra consórcio de veículos de imprensa. Disponível em: https://g1.globo.com/bemestar/coronavirus/noticia/2020/07/09/casos-e-mortes-por-coronavirus-no-brasil-9-de-julho-segundo-consorcio-de-veiculos-de-imprensa.ghtml.

EL PAÍS. Bolsonaro: 100 dias de guerra contra os povos indígenas. *El País* (online), 16 abr. 2019. Disponível em: https://brasil.elpais.com/brasil/2019/04/11/politica/1554971346_439815.html.

FUNAI. Índios do Brasil: quem são. Disponível em: http://www.funai.gov.br/index.php/indios-no-brasil/quem-sao.

INSTITUTO SOCIOAMBIENTAL – ISA. Waimiri-Atroari enfrentam intenso ataque contra seus direitos. *Programa de política e direito socioambiental e monitoramento de áreas protegidas* (online), 29 ago. 2018. Disponível em: https://www.socioambiental.org/pt-br/noticias-socioambientais/waimiri-atroari-enfrentam-intenso-ataque-contra-seus-direitos.

MARTINS, Fernanda Rocha. A política indigenista no Brasil. *In*: BERTOLIN, Patrícia Tuma Martins; SMANIO, Gianpaolo. *O direito e as políticas públicas no Brasi*l. São Paulo: Atlas, 2013.

MELO, Liana. Uma nova ameaça aos Waimiri-Atroari. *Projeto Colabora* (online), 19 abr. 2019. Disponível em: https://projetocolabora.com.br/ods8/waimiri-atroari/.

MPF. MPF estuda medidas diante de tentativa de aceleração de licenciamento do Linhão de Tucuruí entre AM e RR. Disponível em: http://www.mpf.mp.br/am/sala-de-imprensa/noticias-am/mpf-estuda-medidas-diante-de-tentativa-de-aceleracao-do-linhao-de-tucurui-entre-am-e-rr.

OMMATI, José Emilio Medauar. *Uma teoria dos direitos fundamentais*. 6. ed. Rio de Janeiro: Lumen Juris, 2019.

PEOPLES and demography in accord with recent data 2009 peoples living in this indigenous land. Disponível em: https://terrasindigenas.org.br/es/terras-indigenas/3902#demografia.

RELATÓRIO Geral da Comissão de Verdade e Justiça. Violações aos direitos dos povos indígenas. T. I – Parte II. Disponível em: http://comissaodaverdade.al.sp.gov.br/relatorio/tomo-i/parte-ii-cap2.html.

SCHWADE, Egydio; SCHWADE, Tiago Maiká Müller (org.). *Entrevista com Raimundo Pereira da Silva sobre a construção da BR-174*. Presidente Figueiredo, 11 de outubro de 2012.

SOCIOAMBIENTAL. Covid 19 e os povos indígenas. Plataforma de monitoramento da situação indígena na pandemia do novo coronavírus (Covid-19) no Brasil. Disponível em: https://covid19.socioambiental.org/.

STHEPHANIE, Amanda. Bolsonaro e o discurso contra negros e índios. *Todos Negros do Mundo*. Disponível em: https://todosnegrosdomundo.com.br/bolsonaro-e-o-discurso-contra-negros-e-indios/.

TERRAS INDÍGENAS. *Indigenous Lands in Brazil*. [Base de dados de terras indígenas no Brasil]. Disponível em: https://terrasindigenas.org.br/es/terras-indigenas/3902#demografia.

THEODORO JÚNIOR, Humberto. *Celeridade e efetividade da prestação jurisdicional*. Insuficiência da reforma das leis processuais. Disponível em: http://www.abdpc.org.br/artigos/artigo51.htm.

TRF1. Decisão: processo n. 1001605-06.2017.401.3200. 1º Tribunal Regional Federal. Disponível em: https://pje1g.trf1.jus.br/pje/consultapublica.

UNESCO. *Declaração Universal sobre a Diversidade Cultural*. Disponível em: http://www.unesco.org/new/fileadmin/multimedia/hq/clt/diversity/pdf/declaration_cultural_diversity_pt.pdf.

UNISINOS. Atingidos por Balbina (AM) ainda lutam por direitos. Instituto Humanitas Unisinos. *Revista IHU – Online*, 16 abr. 2019.

Disponível em: http://www.ihu.unisinos.br/78-noticias/588427-atingidos-por-balbina-am-ainda-lutam-por-direitosindigenas/3902#demografia.

UOL. Mulheres e indígenas são mais socialmente afetados pela Covid-19. Disponível em: https://noticias.uol.com.br/ultimas-noticias/reuters/2020/05/12/mulheres-e-indigenas-estao-entre-os-mais-socialmente-afetados-pela-covid-19-na-alatina.htm.